Umut Edilenlere Güvenme, görünmeyen şeylerin varlığından emin olma

Dr. Jaerock Lee

*"İman, umut edilenlere güvenmek,
görünmeyen şeylerin varlığından emin olmaktır...
İman olmadan Tanrı'yı hoşnut etmek olanaksızdır.
Tanrı'ya yaklaşan, O'nun var olduğuna ve kendisini arayanları
ödüllendireceğine iman etmelidir."*
(İbraniler 11:1, 6)

Umut Edilenlere Güvenme, görünmeyen şeylerin varlığından emin olma Yazar: Dr. Jaerock Lee
Urim Kitapları tarafından yayınlanmıştır (Temsilci: Sungnam Vin)
73, Yeouidaebang-ro 22-gil, Dongjak-gu, Seoul, Korea
www.urimbooks.com

Yayınevinin yazılı izni olmadan bu yayının herhangi bir biçimde çoğaltılması, bilgisayar ortamında kullanılması, fotokopi yoluyla dağıtılması veya herhangi bir şekilde (elektronik, mekanik, kayıt) yayınlanması yasaktır.

Aksi belirtilmedikçe, tüm alıntılar Türkçe Kutsal Kitap'tan alınmıştır. Eski Antlaşma © The Bible Society in Turkey, 2001 Yeni Antlaşma © Thre Translation Trust, 1987, 1994, 2001.

Telif Hakkı © 2020 Dr. Jaerock Lee
ISBN: 979-11-263-0560-5 03230
Çeviri Hakkı © 2014 Dr. Esther K. Chung. İzin alınmıştır.

Daha önce Kore dilinde Urim Kitapları tarafından 1992 yılında yayınlanmıştır.

İlk Baskı Şubat 2020

Editör: Dr. Geumsun Vin
Urim Kitapları Yazı İşleri Ofisi tarafından tasarlanmıştır.
Prione Matbaacılık tarafından basılmıştır
Daha fazla bilgi için: urimbook@hotmail.com

Önsöz

Her şeyden önce, bu kitabın yayınlanmasında bizlere öncülük eden Baba Tanrı'ya tüm şükran ve övgülerimi sunuyorum.

Sevgi olan Tanrı, Âdem'in itaatsizliği yüzünden ölüme mahkûm olan insanlık için tek ve yegâne Oğlu'nu bir kefaret sunusu olarak gönderdi ve bizlere kurtuluş yolunu açtı. Yüreğini açan ve İsa Mesih'i Kurtarıcıları olarak kabul eden herkes bu imanla bağışlanır, Kutsal Ruh'u bir armağan olarak alır ve Tanrı'nın bir çocuğu olarak Tanrı tarafından tanınır. Dahası, Tanrı'nın bir çocuğu olarak imanla her ne dilerse alma hakkına sahiptir. Sonucu, içinde hiçbir eksiğin olmadığı bereketli bir yaşamdır ve kişi, dünyanın üstesinden zafer ile gelecek yetkinliğe sahip olur.

Kutsal Kitap bizlere imanın atalarının yoktan var eden Tanrı'nın gücüne inandıklarını söyler. Onlar, Tanrı'nın hayretlere düşüren işlerini tecrübe edinmişlerdir. Tanrı, dün ne ise bu gün ve yarında aynıdır ve her-şeye-gücü-yeten, gücüyle

Kutsal Kitap'ta yazılanlara inanan ve onları uygulayanlar için hala aynı işlerini meydana getirir.

Son on yılda ki hizmetlerim esnasında sayısız Manmin kilisesi üyesinin gerçeğin sözüne inanarak yaşamlarında zamanında ıstırap çektikleri çeşitli sorunlarına yanıt aldıklarına tanık oldum ve Tanrı'yı oldukça yücelttiler. *"Göklerin Egemenliği zorlanıyor, zorlu kişiler onu ele geçirmeye çalışıyor"* (Matta 11:12) diyerek Tanrı'nın sözüne inandıklarında, didindiklerinde, dua ettiklerinde ve daha büyük bir imana sahip olmak için Tanrı'nın sözünü uyguladıklarında, bana her şeyden çok daha da değerli ve güzel göründüler.

Bu çalışma, Tanrı'yı yüceltecekleri gerçek imana sahip olmak, Tanrı'nın sevgisini yaymak ve Rab'bin müjdesini paylaşmak için şevkle zafer dolu yaşamlar sürdürmeyi dileyenler içindir. Son 20 senedir "İman" adı altında pek çok vaaz verdim. Bu vaazların arasından seçerek ve onları sistemli bir şekilde düzene sokarak bu kitabın yayınlanması mümkün oldu. *İman: Umut Edilenlere Güvenme, görünmeyen şeylerin varlığından emin olma* adlı çalışmanın sayısız canı gerçek imana taşıyan ve bir rehber görevi gören bir deniz feneri olmasını diliyorum.

Rüzgâr dilediği yere eser ve gözlerimizle onu göremeyiz. Ancak rüzgârın etkisiyle salınan ağaç dallarını gördüğümüzde, rüzgarın gerçekliğini duyumsayabiliriz. Aynı şekilde sizlerde çıplak gözlerinizle Tanrı'yı gerçekten göremiyor olsanız da Tanrı canlıdır ve gerçekten vardır. Bu sebeple O'na olan imanınıza uygun olarak, arzuladığınız derecede O'nu görebilecek, duyabilecek, varlığını duyumsayabilecek ve deneyim edebileceksiniz.

Jaerock Lee

İçindekiler

Umut Edilenlere Güvenme,
görünmeyen şeylerin varlığından emin olma

Önsöz

1. Bölüm
Benliğin İmanı ve Ruhani İman   1

2. Bölüm
Benliğe Dayanan Düşünce Tanrı'ya Düşmandır   13

3. Bölüm
Her Türlü Düşünce ve Teoriyi Yıkın   29

4. Bölüm
İmanın Tohumlarını Ekin   43

5. Bölüm
'Elimden Gelirse mi?' Her şey Mümkün!   57

6. Bölüm
Daniel'in Sadece Tanrı'ya Güvenmesi   71

7. Bölüm
Rab Önceden Sağlar   85

1. Bölüm

Benliğin İmanı ve Ruhani İman

İman, umut edilenlere güvenmek,
görünmeyen şeylerin varlığından emin olmaktır.
Atalarımız bununla Tanrı'nın beğenisini kazandılar.
Evrenin Tanrı'nın buyruğuyla yaratıldığını,
böylece görülenlerin görünmeyenlerden
oluştuğunu iman sayesinde anlıyoruz.

İbraniler 11:1-3

Bir peder, sürüsünün gerçek bir imana sahip olduğunu görmekten memnuniyet duyar ve gerçek bir imanla Tanrı'yı yüceltir. Bazıları yaşayan Tanrı'ya şahit olduklarında ve Mesih'te ki yaşamlarına tanıklık ettiklerinde, peder sevinir ve Tanrı tarafından kendisine verilmiş görevlerine daha ateşli sarılır. Öte yandan, imanlarında gelişme göstermeyenlerle sınama ve acılara düşenler olduğunda peder acı hisseder ve yüreği dertlenir.

İman olmadan sadece Tanrı'yı hoşnut edememeniz ve dualarınıza yanıt alamamanız değil ama ayrıca gökler için umut beslemeniz ve imanın uygun yaşamlarını sürdürmenizde mümkün olmayacaktır.

İman, bir Hrıstiyan'ın yaşamının en önemli temelidir. Kurtuluşun kısa yolu ve Tanrı'nın yanıtlarını alabilmek için ise temel bir zorunluluktur. Zamanımızda insanların imanın doğru tanımıyla ilgili hiçbir fikri olmamasından dolayı pek çok insan gerçek imana sahip olmakta başarısız olur. Kurtuluşun güvencesine sahip olmakta başarısız olurlar. Işıkta yürüseler ve Tanrı'ya olan imanlarını dile getirseler bile Tanrı'nın yanıtlarını almakta başarısız olurlar.

İman ikiye ayrılır: Benliğin imanı ve ruhani iman. İlk bölüm sizlere gerçek imanın ne olduğunu, Tanrı'nın yanıtlarını nasıl alabileceğinizi ve gerçek bir imanla ebedi yaşama nasıl yönlendirileceğinizi açıklar.

1. Benliğin İmanı

Gözlerinizle gördüklerinize inandığınızda ve nesneler sizin düşünce ve bilgilerinizle uyumlu olduğunda, imanınız "benliğin imanı" denilen tiptedir. Böyle bir imanla sadece görülebilen şeylerden meydana gelmiş şeylere inanabilirsiniz. Örneğin, böyle bir imanla bir masanın tahtadan yapıldığına inanırsınız.

Benliğin imanına ayrıca "bilgi olarak iman" da denir. Benliğin imanıyla sadece beyninizde ve düşüncelerinizde depolanmış bilgiyle uyum içinde olanlara inanırsınız. Şüphe duymadan bir masanın tahtadan yapıldığına inanabilirsiniz çünkü bir masanın tahtadan yapıldığını görmüş, duymuş ve kavramışsınızdır.

İnsanların beyinlerinde hafıza sistemi vardır. Doğduklarından bu yana çeşitli bilgileri buraya depolarlar. Gördükleri, duydukları, ebeveynleri, kardeşleri, arkadaşları, komşuları, okulda öğretilenlerinden elde ettikleri bilgileri beyin hücrelerine depolar ve ihtiyaç duydukça depolanmış bu bilgiden faydalanırlar.

Beyinde depolanmış her bilgi parçası gerçeğe ait değildir. Tanrı'nın sözü gerçektir çünkü sonsuza dek sürer. Oysa dünyada elde edilen bilgi kolayca değişebilir ve gerçekle gerçek dışılığın bir karışımıdır. Gerçeğin tam bir anlayışına sahip olamadıklarından, dünya insanları gerçeğe aykırı şeylerin gerçekmiş gibi yanlış kullanılmakta olduğunu kavrayamazlar. Örneğin, evrim teorisinin doğru olduğuna inanırlar çünkü

Tanrı'nın sözünü bilmeden evrim teorisini okullarında öğrendiler. Nesnelerin zaten var olan bir şeyden yaratıldığı öğretilenler yoktan var edilen bir şeye inanamazlar.

Eğer benliğin imanına sahip bir adam yoktan var edilen bir şeye inanmaya zorlanırsa doğduğundan bu yana depolanan bilgi ve doğru olduğuna inandıkları şeyler onu inanmaktan alıkoyar, şüpheler ona eşlik eder ve inanmakta başarısız olur.

Yuhanna'nın üçüncü bölümünde Yahudilerin Nikodim adında ki önderi İsa'ya gelir ve O'nunla ruhani konuşmalar yapar. Bu sohbet esnasında İsa, *"Sizlere yeryüzüyle ilgili şeyleri söylediğim zaman inanmazsanız, gökle ilgili şeyleri söylediğimde nasıl inanacaksınız?"* (ayet 12) diyerek meydan okur.

Hristiyan yaşantınıza başladığınızda, duyabildiğiniz ölçüde Tanrı'nın sözünün bilgisini depolarsınız. Ama başlangıçta tamamen inanamazsınız ve imanınız benliğin imanıdır. Benliğin imanıyla şüpheler içinizde yükselir ve Tanrı'nın sözüne göre yaşamakta, O'nunla iletişim kurmakta ve O'nun sevgisini almakta başarısız kalırsınız. Bu sebeple benliğin imanı ayrıca "eylemsiz iman" ya da "ölü iman" olarak da adlandırılır.

Benliğin imanıyla kurtulamazsınız. İsa, Matta 7:21'de şöyle demiştir: *"Bana, 'Ya Rab, ya Rab!' diye seslenen herkes*

Göklerin Egemenliği'ne girmeyecek. Ancak göklerdeki Babam'ın isteğini yerine getiren girecektir." Matta 3:12'de de şöyle der: *"Yabası elindedir. Harman yerini temizleyecek, buğdayını toplayıp ambara yığacak, samanı ise sönmeyen ateşte yakacak."* Kısaca, eğer Tanrı'nın sözünü uygulamıyorsanız ve imanınız eylemsiz imana dönüşmüş ise, göksel egemenliğe giremezsiniz.

2. Ruhani İman

Görünmeyen ve insan düşünceleri ya da bilgisiyle uyumlu olmayan şeylere inandığınızda ruhani imana sahip olduğunuz düşünülür. Bu ruhani imanla yoktan var olan bir şeye inanabilirsiniz.

Ruhani imanı İbraniler 11:1 ayeti şöyle açıklar: *"İman, umut edilenlere güvenmek, görünmeyen şeylerin varlığından emin olmaktır."* Diğer bir deyişle, ruhani gözlerle baktığınızda gördükleriniz sizin için gerçek olur ve görünmeyeni imanın gözleriyle görürseniz inanmanızı sağlayan itikadınız ifşa edilir. "Bilgi olarak iman" diye de çağrılan benliğin imanıyla yapılamayanlar, ruhani imanla mümkün kılınır ve bir gerçek olarak ifşa edilir.

Örneğin, Musa, İmanın gözleriyle gördüğünde, Kızıl Deniz ikiye ayrıldı ve İsrail halkı kuru toprak üzerinde yürüyerek karşıya geçti (Mısır'dan Çıkış 14:21-22). Musa'nın vârisi Yeşu ve halkı, Eriha şehrine baktıklarında, çevresinde 7 gün dolandıklarında ve sonra hep bir arada kent surlarına bağırdıklarında, kent surları çöktü (Yeşu 6:12-20). İmanın atası İbrahim, Tanrı'nın buyruğuna itaat edip Tanrı'nın vaadi olan tek oğlu İshak'ı Tanrı'ya kurban olarak sunabildi çünkü Tanrı'nın ölüyü diriltecek kudretine inanıyordu (Yaratılış 22:3-12). Ruhani imana niçin "eylemlerin eşlik ettiği iman" veya "yaşayan iman"denildiğinin sebebi işte budur.

İbraniler 11:3 ayeti şöyle der: *"Evrenin Tanrı'nın buyruğuyla yaratıldığını, böylece görülenlerin görünmeyenlerden oluştuğunu iman sayesinde anlıyoruz."* Yerle gök ve onların içinde yer alan güneş, ay, yıldızlar, kuşlar, balıklar ve hayvanlar gibi her şey, Tanrı'nın sözüyle yaratıldı ve insan topraktan meydana getirildi. Tüm bunlar hiçbir şeyden meydana getirildi ve bu gerçeği ancak ruhani imanla anlayabilir ve ona ruhani imanla inanabiliriz.

Gözlerimize görülebilen her şey gerçek değildir. Tanrı'nın gücüyle – ki, bu Tanrı'nın sözüdür – her şey yaratılmıştır. Bu sebeple Tanrı'nın her-şeye-gücü-yeten ve her-şeyi-bilen olduğunu söyleriz. Tanrı'dan imanla istediğimiz her şeyi alabiliriz. Çünkü her-şeye-gücü-yeten Tanrı, Baba'mızdır, bizler ise O'nun çocuklarıyız. Dolayısıyla inandıkça her şey bizim için mümkün olur.

İmanla yanıtlar alabilmemiz ve mucizeleri deneyim edebilmemiz için, benliğin imanını ruhani olan imana dönüştürmeniz gerekir. Her şeyden önce, doğumunuzdan bu yana beyninizde depoladığınız bilginin ve bu bilgiye dayalı oluşmuş benliğin imanının sizleri ruhani imana sahip olmaktan alıkoyduğunu anlamalısınız. Şüphelere yol açan bilgiyi yok etmeli ve beyninizde depolanmış yanıltıcı bilgiyi söküp atmalısınız. Tanrı'nın sözünü dinlediğiniz ve anladığınız ölçüde ruhun bilgisi içinizde giderek depolanır. Tanrı'nın gücüyle ifşa edilen belirti ve harikalara tanık olduğunuz ve pek çok inananın tanıklığıyla ortaya konan Yaşayan Tanrı'nın kanıtlarını deneyim edindiğiniz ölçüde şüpheler sökülüp atılır ve ruhani imanınız gelişir.

Ruhani imanınız geliştikçe Tanrı'nın sözüne göre yaşayabilir, O'nunla iletişim kurabilir ve O'ndan yanıt alabilirsiniz. Şüpheleriniz tamamıyla sökülüp atıldığında, imanın kayası üzerinde durabileceğiniz ve her türlü sınama ve test karşısında zafer dolu hayatlar sürdürebileceğiniz güçlü bir imana sahip olduğunuz düşünülür.

Bu kayadan imanla Yakup 1:6 ayetinde bizleri şöyle uyarır: *"Yalnız hiç kuşku duymadan, imanla istesin. Çünkü kuşku duyan kişi rüzgarın sürükleyip savurduğu deniz dalgasına benzer."* Ve Yakup 2:14 ayetinde bizlere şu soruyu yöneltir: *"Kardeşlerim, bir kimse iyi eylemleri yokken imanı olduğunu söylerse, bu neye yarar? Böylesi bir iman onu kurtarabilir mi?"*

Bu sebeple ancak tüm şüphelerinizi söküp attığınız, kayadan

imanın üzerinde durduğunuz ve imanın eylemlerini gösterdiğiniz takdirde kurtulmanızı sağlayan ruhani ve gerçek imana sahip olduğunuzun farz edileceğini hatırlamanızı öneriyorum.

3. Gerçek İman ve Ebedi Yaşam

Matta'nın 25. bölümünde anlatılan on kız benzetmesi bizlere pek çok şey öğretir. Benzetme, kandillerini alıp güveylerini beklemeye giden on kızı anlatır. Bunlardan beş tanesi ihtiyatlıydı ve kandilleriyle birlikte kaplar içinde yağ da aldılar ve güveylerini karşıladılar. Ancak diğer beşi akılsız olduklarından yanlarında yağlarını getirmediler ve güveyi karşılayamadılar. Bu benzetme bizlere inananlar arasında imanlı ve inançlı yaşamlar sürdürenlerin ve ruhani imanla Rab'bin dönüşü için hazırlananların kurtulacaklarını, uygun şekilde hazırlanmayanların eylemlerin eşlik etmediği ölü imana sahip olmalarından dolayı kurtuluşa nail olamayacaklarını anlatır.

Matta 7:22-23 ayetleri boyunca İsa, pek çok insanın Kendi adıyla peygamberlik yapmış, kötü ruhları kovmuş ve mucizeler ortaya koymuş olmasına rağmen hepsinin kurtulamayacağı konusunda bizleri uyandırır. Çünkü onlar kötülük yapmışlar ve günah işlemişlerdir.

Buğday ile samanı nasıl ayırırız?

Oxford İngilizce Küçük Sözlük, saman için "Ekinlerin harmanda dövülüp taneleri ayrıldıktan sonra kalan sapları" olarak açıklar. Saman, ruhani açıdan Tanrı'nın sözüne göre yaşar gibi görünen ama yüreklerini gerçekle değiştirmeden kötülük işleyen inananları simgeler. Her Pazar kiliseye gider, ondalıklarını verir, Tanrı'ya dua eder, zayıf düşen üyelerle ilgilenir ve kiliseye hizmet ederler ama tüm bunları Tanrı'nın huzurunda yapmak yerine çevrelerinde ki insanların gözleri önünde bir şov olarak yaparlar. Bu sebeple onlar saman olarak kategorize edilmişlerdir ve kurtuluşa sahip olamazlar.

Buğday ise Tanrı'nın gerçeğinin sözüyle ruhun insanlarına dönüşen, hiçbir koşulda sarsılmayan bir imana sahip olan ve bir sağa bir sola dönmeyen inananları simgeler. Onlar her şeyi imanla yaparlar. İmanla oruç tutar ve imanla Tanrı'ya dua ederler. Dolayısıyla Tanrı'dan yanıt alabilirler. Başkaları tarafından sarf edilen güce göre davranışlarda bulunmazlar ama her şeyi sevinç ve şükranla yaparlar. Tanrı'yı hoşnut etmek için Kutsal Ruh'un sesini izlediklerinden ve imanla hareket ettiklerinden onlar için her şey yolunda gider ve iyi bir sağlığın tadına varırlar.

Gerçekte ve ruhta Tanrı'ya iman edip etmediğiniz ve boş düşünceleri izleyip ayin esnasında Tanrı'nın sözünü yargılayıp yargılamadığınız hususlarından kendinizi yoklamanızı öneriyorum. Ayrıca dönüp kendinize bakmalı ve sunularınızı sevinç içinde mi yoksa başkaları yüzünden elinizi sıkarak ve gönülsüzce verip vermediğinizi de sorgulamalısınız. Ruhani imanınız ne kadar çok güçlü gelişirse daha fazla eylemler sizi izler. Tanrı'nın sözünü uyguladığınız ölçüde yaşayan iman size verilir ve Tanrı'nın sevgisi ve kutsaması içinde yaşar, O'nunla yürür ve her şeyde başarılı olursunuz. Kutsal Kitap'ta yazılmış olan tüm bereketler üzerinize gelir çünkü Tanrı, Çölde Sayım 23:19 ayetinde, *"Tanrı insan değil ki, Yalan söylesin; İnsan soyundan değil ki, Düşüncesini değiştirsin. O söyler de yapmaz mı? Söz verir de yerine getirmez mi?"* yazıldığı gibi vaatlerine sadıktır.

Ancak ibadet hizmetlerine katılmış, düzenli bir şekilde dua etmiş ve şevkle kiliseye hizmet etmiş olmanıza rağmen yüreğinizin arzularına yanıt alamamışsanız, kendinizde bir hata olduğunu anlamak zorundasınız.

Gerçek bir imana sahipseniz, Tanrı'nın sözünü izlemeli ve uygulamalısınız. Kendi düşünceleriniz ve bilginizde ısrar etmek yerine, sadece Tanrı'nın sözünün gerçek olduğunu tanımalı ve Tanrı'nın sözünün gerçek olduğunu bilerek O'nun sözünün karşısında her ne duruyorsa yıkmalısınız. Tanrı'nın sözünü şevkle dinleyerek her türlü kötülüğü söküp atmalı ve sürekli duayla kutsallaşmayı başarmalısınız.

Sadece kilise ayinlerine katılarak, Tanrı'nın sözünü dinleyerek ve sözü bir bilgi olarak depolayarak kurtulacağınız doğru değildir. Eğer sözü uygulamıyorsanız, bu, eylemsiz ölü bir imandır. Ancak gerçek ve ruhani imana sahip olduğunuzda ve

Tanrı'nın isteğini yaptığınızda, göksel egemenliğe girebilecek ve ebedi yaşamın tadına varacaksınız.

Tanrı'nın sizlerden eylemlerin eşlik ettiği ruhani imana sahip olmanızı istediğini kavramanız, ebedi yaşamın tadına varmanız ve gerçek bir imanla Tanrı'nın çocukları olma imtiyazına sahip olmanız dileğiyle.

2. Bölüm

Benliğe Dayanan Düşünce Tanrı'ya Düşmandır

"Benliğe uyanlar benlikle ilgili,
Ruh'a uyanlarsa Ruh'la ilgili işleri düşünürler.
Benliğe dayanan düşünce ölüm,
Ruh'a dayanan düşünceyse yaşam ve esenliktir.
Çünkü benliğe dayanan düşünce Tanrı'ya düşmandır;
Tanrı'nın Yasası'na boyun eğmez, eğemez de...
Benliğin denetiminde olanlar
Tanrı'yı hoşnut edemezler."

Romalılar 8:5-8

Günümüzde kiliseye giden ve İsa Mesih'e olan imanlarını dile getiren pek çok insan vardır. Bu bizim için mutlu ve iyi bir haberdir. Ama Rab'bimiz İsa Mesih Matta 7:21 ayetinde bize şöyle demiştir: *"Bana, 'Ya Rab, ya Rab!' diye seslenen herkes Göklerin Egemenliği'ne girmeyecek. Ancak göklerdeki Babam'ın isteğini yerine getiren girecektir."* Matta 7:22-23 ayetlerinde de şunları eklemiştir: *"O gün birçokları bana diyecek ki, 'Ya Rab, ya Rab! Biz senin adınla peygamberlik etmedik mi? Senin adınla cinler kovmadık mı? Senin adınla birçok mucize yapmadık mı?' O zaman ben de onlara açıkça, 'Sizi hiç tanımadım, uzak durun benden, ey kötülük yapanlar!' diyeceğim."*

Yakup 2:26 ayeti ise bizlere şöyle der: *"Ruhsuz beden nasıl ölüyse, eylemsiz iman da ölüdür."* Bu sebeple imanınızı itaatin eylemleriyle mükemmel hale getirmelisiniz ki Tanrı'dan dilediğiniz her şeyin yanıtını alan gerçek çocukları olarak tanınınız.

İsa Mesih'i Kurtarıcımız olarak kabul ettikten sonra zihnimizle Tanrı'nın yasasından zevk aldık ve hizmet ettik. Ancak Tanrı'nın buyruklarını tutmakta başarısız olursak, benliğimizle günahın yasasına hizmet eder ve Tanrı'yı hoşnut etmekte başarısız oluruz. Çünkü benliğin düşünceleriyle Tanrı'ya düşman bir konuma getirilir ve Tanrı'nın yasasına tabi olmayız.

Ama benliğin düşüncelerini söküp atar ve ruhani düşünceleri izlersek, Tanrı'nın ruhuyla yönlendirilir, O'nun buyruklarını tutar ve tıpkı İsa'nın yasayı sevgiyle tamamlaması gibi O'nu hoşnut ederiz. Böylece Tanrı'nın, "İman eden biri için her şey mümkün!" vaadi üzerimize düşer.

Şimdi benliğin düşünceleriyle ruhani düşünceler arasında ki farkın neler olduğunu derinlemesine inceleyelim. Benliğin düşüncelerinin niçin Tanrı'ya karşı olduğunu, benliğin düşüncelerinden nasıl kaçınacağımızı ve Tanrı'yı hoşnut etmek için ruha göre nasıl yürüyeceğimizi görelim.

1. Benliğin İnsanı Benliğin Arzularını Düşünürken Ruhun İnsanı Ruha Ait Şeyleri Arzular

1) Benlik ve Benliğin Arzuları

Kutsal Kitap'ta "Benlik", "benliğin şeyleri", "benliğin arzuları" ve "benliğin işleri" gibi terimlere rastlarız. Bunların anlamları birbirine benzer ve bu dünyadan gittikten sonra hepsi çürür ve yok olur.

Benliğin eylemleri Galatyalılar 5:19-21 ayetlerinde şöyle anlatılmıştır: *"Benliğin işleri bellidir. Bunlar fuhuş, pislik, sefahat, putperestlik, büyücülük, düşmanlık, çekişme, kıskançlık, öfke, bencil tutkular, ayrılıklar, bölünmeler, çekememezlik, sarhoşluk, çılgın eğlenceler ve benzeri şeylerdir. Sizi daha önce uyardığım gibi yine uyarıyorum, böyle davrananlar Tanrı Egemenliği'ni miras alamayacaklar."*

Romalılar 13:12-14 ayetlerinde elçi Pavlus, *"Gece ilerledi, gündüz yaklaştı. Bunun için karanlığın işlerini üzerimizden atıp ışığın silahlarını kuşanalım. Çılgınca eğlenceye ve sarhoşluğa, fuhşa ve sefahate, çekişmeye ve kıskançlığa kapılmayalım. Gün ışığında olduğu gibi, saygın bir yaşam sürelim. Rab İsa Mesih'i kuşanın. Benliğinizin tutkularına uymayı düşünmeyin"* diyerek bizleri benliğin arzuları hakkında uyarır.

Bir aklımız ve düşüncelerimiz var. Zihnimizde günahkâr arzuları ve gerçek dışı şeyleri beslediğimizde, bu günahkâr arzu ve gerçek dışı şeyler "benliğin arzuları" olarak adlandırılır ve bu günahkâr arzular eylemler olarak ortaya konduğunda, onlara "benliğin eylemleri" denir. Benliğin arzuları ve eylemleri gerçeğe karşıdır. Dolayısıyla onları hoş gören hiç kimse Tanrı'nın egemenliğini miras alamaz.

Bu sebeple Tanrı, 1. Korintliler 6:9-10 ayetlerinde bizleri şöyle uyarır: *"Günahkârların, Tanrı Egemenliği'ni miras almayacağını bilmiyor musunuz? Aldanmayın! Ne fuhuş yapanlar Tanrı'nın Egemenliği'ni miras alacaktır, ne puta tapanlar, ne zina edenler, ne oğlanlar, ne oğlancılar, ne hırsızlar, ne açgözlüler, ne ayyaşlar, ne sövücüler, ne de soyguncular."* Ayrıca 1. Korintliler 3:16-17 ayetleri şöyle der: *"Tanrı'nın tapınağı olduğunuzu, Tanrı'nın Ruhu'nun sizde yaşadığını bilmiyor musunuz? Kim Tanrı'nın tapınağını yıkarsa, Tanrı da onu yıkacak. Çünkü Tanrı'nın tapınağı kutsaldır ve o tapınak sizsiniz."*

Yukarıda da söylendiği gibi, eylemlerinde günah ve kötülük işleyenler Tanrı'nın egemenliğini miras alamayacaklardır. Yani, benliğin eylemlerini uygulayanlar kurtulamazlar. Sizlere sadece kiliseye gelerek kurtulacağınızı söyleyen vaazcıların akıl çelmelerine düşmemek için uyanık olun. Tanrı'nın sözünü dikkatlice inceleyip aldanmamanızı Rab'bin adıyla sizlerden rica ediyorum.

2) Ruh ve Ruhun Arzuları

İnsan, ruh, can ve bedenden oluşur. Bedenimiz yok olur gider ve sadece ruhumuzla canımıza ev sahipliği yapar. Ruh ve can, zihinlerimizin faaliyetini yöneten ve bizlere yaşam bağışlayan yok olup gitmeyecek oluşlardır.

Ruh iki sınıfa ayrılır: Tanrı'ya ait olan ruh ve Tanrı'ya ait olmayan ruh. Bu sebeple 1. Yuhanna 4:1 şöyle der: *"Sevgili kardeşlerim, her ruha inanmayın. Tanrı'dan olup olmadıklarını anlamak için ruhları sınayın. Çünkü birçok sahte peygamber dünyanın her yanına yayılmış bulunuyor."*

Tanrı'nın ruhu bizlere beden olarak dünyaya gelen İsa Mesih'i itiraf etmemize yardımcı olur ve Tanrı'nın lütfettiklerini bilmemize öncülük eder (1. Yuhanna 4:2; 1. Korintliler 2:12).

İsa, Yuhanna 3:6 ayetinde şöyle der: *"Bedenden doğan bedendir, Ruh'tan doğan ruhtur."* Eğer İsa Mesih'i kabul eder ve Kutsal Ruh'u alırsak, Kutsal Ruh yüreklerimize iner,

Tanrı'nın sözünü anlayabilmemiz için bizleri güçlendirir, gerçeğin sözüne göre yaşamamız için bizlere yardım eder ve ruhun insanları olmamıza öncülük eder. Kutsal Ruh yüreklerimize geldiğinde, ölü ruhlarımızı tekrar canlandırır. Böylece, yeniden Ruh'tan doğduğumuz söylenir ve yüreklerimizin sünnetiyle kutsallaşırız.

Rab'bimiz İsa, Yuhanna 4:24'de şöyle demiştir: *"Tanrı ruhtur, O'na tapınanlar da ruhta ve gerçekte tapınmalıdırlar."* Ruh, dördüncü boyuta aittir ve dolayısıyla ruh olan Tanrı, bizlerin sadece yürekleri görmez ama ayrıca bizlerle ilgili her şeyi de bilir.

Yuhanna 6:63 ayetinde, *"Yaşam veren Ruh'tur. Beden bir yarar sağlamaz. Sizlere söylediğim sözler ruhtur, yaşamdır"* diyerek, İsa, Kutsal Ruh'un bizlere hayat ve Tanrı'nın sözünü verdiğini anlatır.

Yuhanna 14:16-17 ayetleri şöyle der: *"Ben de Baba'dan dileyeceğim. O sonsuza dek sizinle birlikte olsun diye size başka bir Yardımcı, Gerçeğin Ruhu'nu verecek. Dünya O'nu kabul edemez. Çünkü O'nu ne görür, ne de tanır. Siz O'nu tanıyorsunuz. Çünkü O aranızda yaşıyor ve içinizde olacaktır."* Eğer Kutsal Ruh'u alır ve Tanrı'nın çocukları olursak, Kutsal Ruh bizleri gerçeğe taşır.

Rab'be iman ettikten sonra içimizde yaşayan Kutsal Ruh, içimizde ki ruhun doğmasını sağlar, bizleri gerçeğe taşır ve içimizde ki kötülüklerin farkına varıp tövbe etmemize ve onlardan dönmemize yardım eder. Eğer gerçeğe aykırı yürürsek, Kutsal Ruh figan eder, dertli hissetmemizi sağlar ve günahlarımızı kavrayıp kutsallaşmayı başarmamız için bizleri teşvik eder.

İlaveten, Kutsal Ruh, Tanrı'nın Ruhu (1. Korintliler 12:3) ve Rab'bin Ruhu (Elçilerin İşleri 5:9; 8:39) olarak da adlandırılır. Tanrı'nın ruhu ebedi gerçek ve yaşam-veren Ruh'tur ve bizleri ebedi yaşama taşır.

Tanrı'ya ait olmayan ama Tanrı'nın Ruhu'na karşı olan ruh, İsa'nın yeryüzüne bir beden olarak geldiğini dile getirmez ve 'dünyanın ruhu' (1. Korintliler 2:12), 'Mesih karşıtının ruhu' (1. Yuhanna 4:3), 'aldatıcı ruhlar' (1. Timoteos 4:1) ve 'kötü ruhlar' (Vahiy 16:13) diye adlandırılır. Tüm bu ruhlar şeytandandır. Onlar gerçeğin Ruhu'ndan gelmezler. Bu, gerçeğe aykırı ruhlar yaşam vermez ama aksine insanları yıkıma sürüklerler.

Kutsal Ruh, Tanrı'nın mükemmel Ruhu'dur. İsa Mesih'e iman ettiğimizde ve Tanrı'nın çocukları olduğumuzda, Kutsal Ruh'u alırız ve Kutsal Ruh, içimizde ki ruh ve doğruluğun doğmasını sağlar ve Kutsal Ruh'un meyvesini, doğruluğu ve ışığı vermemiz için bizi güçlendirir. Kutsal Ruh'un bu işleri yoluyla Tanrı'ya benzedikçe Tanrı bize öncülük eder, Tanrı'nın oğulları olarak çağrılır ve Tanrı'yı "Abba! Baba!" diye çağırırız çünkü oğulluk ruhunu alırız (Romalılar 8:12-15).

Bu sebeple Kutsal Ruh'un öncülüğünde olduğumuz sürece Kutsal Ruh'un sevgi, sevinç, esenlik, sabır, şefkat, iyilik, bağlılık, yumuşak huyluluk ve özdenetim olan dokuz meyvesini veririz (Galatyalılar 5:22-23). Ayrıca tam bir kurtuluşa ereceğimiz her türlü iyilik, doğruluk ve gerçekte görülen ışığın ve doğruluğun meyvesini de veririz (Efesliler 5:9).

2. Benliğin Düşünceleri Ölüme Taşır Ama Ruhani Düşünceler Yaşam ve Huzura Taşır

Eğer benliği izlerseniz, zihninizi benliğin şeylerine göre ayarlarsınız. Benliğe göre yaşar ve günah işlersiniz. Sonra ise Tanrı'nın "Günahın ücreti ölümdür" sözüne göre ölüme taşınırsınız. Bu yüzden Rab bizlere şöyle sorar: *"Kardeşlerim, bir kimse iyi eylemleri yokken imanı olduğunu söylerse, bu neye yarar? Böylesi bir iman onu kurtarabilir mi? Bunun gibi, tek başına eylemsiz iman da ölüdür"* (Yakup 2:14; 17).

Eğer zihninizi benliğe göre ayarlarsanız, sadece yeryüzünde günah işlemenize ve ıstırap çekmenize neden olmaz ama ayrıca göksel egemenliği miras alamazsınız. Dolayısıyla bunu aklınızda tutmalı ve bedenin kötü işlerini öldürmelisiniz ki, ebedi yaşamı kazanabilesiniz (Romalılar 8:13).

Eğer aksini yapar ve Ruh'u izlerseniz, aklınızı ruha göre ayarlar ve gerçeğe göre yaşamak için elinizden gelenin en iyisini denersiniz. Böylece Kutsal Ruh, düşman Şeytan ve iblise karşı savaşınızda, gerçek dışı şeyleri söküp atmanızda ve kutsallaşmanıza yardım eder.

Birinin sebepsiz yere yanağınıza tokat attığını farz edin. Öfkelenirsiniz ama İsa'nın çarmıha gerilişini hatırlayarak benliğin düşüncelerini uzaklaştırıp ruhani düşünceleri izleyebilirsiniz. Tanrı'nın sözü bizlere biri yanağımıza vurduğunda diğerini de çevirmemizi söylediğinden, her koşulda sevinç içinde olduğumuzda bağışlayabilir, sabırla katlanır ve diğerine hizmet ederiz. Bunun neticesinde dert duymayız. Bu yolla yürek huzuruna kavuşabilirsiniz. Hala içinizde kötülük olduğundan, kutsallaşana kadar karşınızda ki kişiyi paylayıp azarlamayı isteyebilirsiniz. Ancak her türlü kötülüğü söküp attıktan sonra karşınızda ki kişinin hatalarını görseniz bile ona karşı sevgi hissedersiniz.

Bu yüzden, zihninizi ruha göre ayarlarsanız, ruhani şeyleri arar ve gerçeğin sözü üzerinde yürürsünüz. Bunun sonucunda kurtuluş ve gerçek yaşamı elde edersiniz. Yaşamınız huzur ve kutsamayla dolup taşar.

3. Benliğin Düşünceleri Tanrı'ya Karşı Düşmandır

Benliğin düşünceleri sizi Tanrı'ya dua etmekten alıkoyarken ruhani düşünceler O'na dua etmenizi sağlar. Benliğin düşünceleri düşmanlık ve kavgalara sebebiyet verirken ruhani düşünceler sevgi ve huzura taşır. Aynı şekilde benliğin düşünceleri gerçeğin karşısındadır ve hatta onlar düşman şeytanın isteği ve düşünceleridir. Bu sebeple, eğer benliğin düşüncelerini izlemeye devam ederseniz, Tanrı'ya karşı bir engel inşa edilir ve bu engel, Tanrı'nın sizin için olan isteğinin yoluna çıkar.

Benliğin düşünceleri huzur değil ama sadece endişe, kaygı ve dert getirir. Yani, benliğin düşünceleri tamamıyla anlamsızdır ve hiçbir faydası yoktur. Babamız Tanrı, her-şeye-gücü-yeten, her-şeyi-bilen ve Yaratan'dır. Yerle göğü ve onların içinde ki her şeyi, ayrıca ruhlarımızı ve bedenlerimizi yönetir. Biz sevgili çocuklarına veremeyeceği ne olabilir? Eğer babanız dev bir sanayi grubunun başında ki kişiyse asla para konusunda endişelenmenize gerek olmazdı. Eğer babanız mükemmel bir tıp doktoruysa iyi bir sağlık sizin için garanti olurdu.

İsa'nın Markos 9:23 ayetinde, *"Elimden gelirse mi? İman eden biri için her şey mümkün!"* dediği gibi, ruhani düşünceler sizlere iman ve huzur getirirken, benliğin düşünceleri endişe, kaygı ve dert vererek Tanrı'nın isteğini ve işlerini başarmanıza engel olabilir. Bu yüzden benliğin düşünceleriyle ilgili Romalılar 8:7 şöyle der: *"Çünkü benliğe dayanan düşünce Tanrı'ya düşmandır; Tanrı'nın Yasası'na boyun eğmez, eğemez de."*

Bizler Tanrı'ya hizmet eden ve O'nu "Baba" diye çağıran Tanrı'nın çocuklarıyız. İçinizde sevinç yerine dert, umutsuzluk ve endişenin olması, Tanrı tarafından verilen ruhani düşünceler yerine düşman şeytan ve iblis tarafından tetiklenen benliğin düşüncelerini izlediğinizi kanıtlar. Eğer böyleyse hemen tövbe etmeli, bu düşüncelerden uzaklaşmalı ve ruhani düşünceleri aramalısınız. Çünkü ancak ruhani zihinlerle kendimizi Tanrı'ya teslim edebilir ve O'na itaat edebiliriz.

4. Benlikte Olan İnsanlar Tanrı'yı Hoşnut Edemezler

Zihinlerini benliğe göre ayarlayan insanların Tanrı'ya karşı oldukları ve kendilerini Tanrı'nın yasasına vermedikleri ya da veremedikleri görülür. Tanrı'ya itaatsizlik eder ve O'nu hoşnut edemezler. Sonunda ise sınama ve dertlerden çekerler.

İmanın atası İbrahim her zaman ruhani düşünceler için çabaladığından, yakmalık sunu olarak tek oğlu İshak'ı kurban vermesini isteyen Tanrı buyruğuna uyabilmişti. O'nun aksine, benliğin düşüncelerini izleyen Kral Saul ise sonunda terk edilmişti. Güçlü bir fırtına Yunus'u yakalamış ve dev bir balık onu yutmuştu. Mısır'dan Çıkış sonrası, İsrailliler 40 yıl boyunca çölde zor hayat şartları altında ıstırap çekmek zorunda kalmışlardı.

Ruhani düşünceleri izleyip imanın eylemlerini gösterdiğinizde, yüreğinizin arzuları Mezmurlar 37:4-6 ayetlerinde vaat edildiği gibi sizlere verilir: *"RAB'den zevk al, O senin içindeki istekleri yerine getirecektir. Her şeyi RAB'be bırak, O'na güven, O gerekeni yapar. O senin doğruluğunu ışık gibi, Hakkını öğle güneşi gibi Aydınlığa çıkarır."*

Tanrı'ya gerçekten inanan herkes, düşman şeytanın işlerinin neden olduğu tüm itaatsizlikleri kendinden uzaklaştırmalı, Tanrı'nın buyruklarını tutmalı ve Kutsal Ruh'un işleri yoluyla itaatin eylemleriyle Tanrı'yı hoşnut etmelidir. Böylece dilediği her şeyin yanıtını alan ruhun insanı olabilir.

5. Ruhun İşlerini Nasıl İzleyebiliriz?

Tanrı'nın Oğlu İsa, yeryüzünde geldi ve günahkârlar için buğday tanesi olup onlar için öldü. Kendisine iman eden ve Tanrı'nın bir çocuğu olan herkes için kurtuluş yolunu açtı ve sayısız meyve verdi. Sadece ruhani düşünceler için çabaladı ve Tanrı'nın isteğine itaat etti. Ölüyü diriltti, her türlü hastalıktan hastaları iyileştirdi ve Tanrı'nın egemenliğini genişletti.

İsa'nın izlediği yoldan gitmek ve Tanrı'yı hoşnut etmek için sizler neler yapmalısınız?

Her şeyden önce dualar yoluyla Kutsal Ruh'un yardımında yaşamalısınız.

Eğer dua etmezseniz, Şeytan'ın işlerinin eline düşer ve benliğin düşüncelerine göre yaşarsınız. Ancak sürekli dua ederseniz, yaşamınızda Kutsal Ruh'un işlerini alabilir, neyin doğru olduğundan emin olabilir, günahın karşısında durabilir, yargılamaz, Kutsal Ruh'un arzularını izleyebilir ve Tanrı'nın gözünde doğru kılınabilirsiniz. Hatta Tanrı'nın oğlu İsa bile dualarla Tanrı'nın işlerini başarıyla yerine getirdi. Sürekli dua, Tanrı'nın isteği olduğundan sadece ruhani düşünceleri izleyebilir ve Tanrı'yı hoşnut edersiniz.

İkinci olarak, istemeseniz bile ruhani işleri başarıyla gerçekleştirmek zorundasınız. Eylemsiz bir iman sadece bilgi olarak var olan imandır. Bu, ölü imandır. Ne yapmanız gerektiğini bildiğinizde ama yapmadığınızda, bu bir günahtır. Dolayısıyla Tanrı'nın isteğini izlemek ve O'nu hoşnut etmek istiyorsanız, imanın eylemlerini göstermek zorundasınız.

Üçüncü olarak, tövbe etmeli ve yukarıdan gücü almalısınız ki eylemlerin eşlik ettiği imana sahip olabilin. Benliğin düşünceleri Tanrı'ya düşman olduğundan, O'nu gücendirdiğinden ve Tanrı ile aranızda günah duvarlarını ördüğünden, onlardan tövbe etmeli ve onları söküp atmalısınız. Tövbe, iyi bir Hristiyan yaşantısı için her zaman gereklidir ama onları atabilmek için yüreğinizi parçalamalı ve onlardan tövbe etmelisiniz.

Eğer yapmamanız gerektiğini bildiğiniz günahları işliyorsanız, yüreğiniz huzursuz hisseder. Gözyaşlarıyla dolu dualarla günahlarınızdan tövbe ettiğinizde, endişe ve kaygılar sizi terk eder, yenilenir ve Tanrı ile yeniden barışır, huzurunuza kavuşur ve yüreğinizin arzularını alırsınız. Eğer her türlü kötülüğü söküp atmak için dua etmeye devam edersiniz yüreğinizi arındırarak günahlarınızdan tövbe edersiniz.

Günahkâr nitelikleriniz Kutsal Ruh'un ateşiyle yanar ve günah duvarları yıkılır. Böylece Ruh'un işleriyle yaşayabilir ve gereğince Tanrı'yı hoşnut edebilirsiniz.

İsa Mesih'te imanınız yoluyla Kutsal Ruh'u aldıktan sonra yüreğinizde külfet hissediyorsanız bunun nedeni benliğin düşünceleri yüzünden Tanrı'ya karşı olduğunuzu keşfetmiş olmanızdandır. Bu sebeple, kendinizi adayarak ettiğiniz dualar yoluyla günah duvarlarını yıkmalı ve sonra Kutsal Ruh'un arzularını izleyip ruhani düşüncelere göre ruhani işler yapmalısınız. Bunun sonucunda huzur ve sevinç yüreğinizi dolduracak, dualarınızın yanıtı sizlere verilecek ve yüreğinizin arzuları gerçekleşecektir.

İsa'nın Markos 9:23 ayetinde, *"Elimden gelirse mi? İman eden biri için her şey mümkün!"* dediği gibi, ümit ediyorum ki her birinizi Tanrı'ya karşı olan benliğin düşüncelerini atıp Kutsal Ruh'un işlerine uygun imanda yürüyebilirsiniz. Böylece Tanrı'yı hoşnut edebilir, O'nun sınırsız işlerini yapabilir ve Egemenliğini genişletebilirsiniz. Bunun için Rab'bimiz İsa Mesih'in adıyla dua ediyorum.

3. Bölüm

Her Türlü Düşünce ve Teoriyi Yıkın

"Olağan insanlar gibi yaşıyorsak da,
insansal güce dayanarak savaşmıyoruz.
Çünkü savaşımızın silahları insansal silahlar değil,
kaleleri yıkan tanrısal güce sahip silahlardır. Safsataları,
Tanrı bilgisine karşı diklenen her engeli yıkıyor,
her düşünceyi tutsak edip Mesih'e bağımlı kılıyoruz.
Mesih'e tümüyle bağımlı olduğunuz zaman,
O'na bağımlı olmayan her eylemi
cezalandırmaya hazır olacağız."

2. Korintliler 10:3-6

Önceden belirttiğimiz gibi iman, ruhani iman ve benliğin imanı olarak ikiye ayrılır. Benliğin imanına ayrıca bilgi olarak imanda denir. Tanrı'nın sözünü ilk kez dinlediğinizde imana bir bilgi olarak sahip olursunuz. İşte bu, benliğin imanıdır. Ancak ne kadar çok anlar ve imanı uygularsanız, ruhani imana sahip olmaya başlarsınız.

Tanrı'nın gerçek sözünün ruhani anlamlarını anlar ve uygulayarak imanın temelini atarsanız, Tanrı sevinç içinde olur ve size ruhani imanı verir. Böylece yukarıdan verilmiş bu ruhani imanla dualarınızın yanıtını ve sorunlarınızın çözümünü alırsınız. Ayrıca yaşayan Tanrı ile tanışma deneyimini de elde edersiniz.

Bu deneyimle şüpheler sizi terk eder, insani düşünce ve teoriler yıkılır ve hiçbir sınama ve acı tarafından asla sarsılmayan imanın kayası üzerinde durursunuz. Gerçeğin insanı olduğunuzda ve Mesih benzeri yüreğe sahip olduğunuzda, imanınızın temeli ebediyen atılmış anlamına gelir. Bu iman temeliyle imanla istediğiniz her şeyi alabilirsiniz.

Rab'bimiz İsa'nın Matta 8:13 ayetinde, *"Git, inandığın gibi olsun"* dediği gibi, eğer tam bir ruhani imana sahip olursanız, bu, dilediğiniz her şeyi alabileceğiniz imandır. Yaptığınız her iş de Tanrı'yı yücelten bir yaşam sürersiniz. Sevgide ve Tanrı'nın sığınağında yaşarsınız ve Tanrı için büyük bir hoşnutluk vesilesi olursunuz.

Şimdi ruhani imanla ilgili birkaç şeyi daha derinden

inceleyelim. Ruhani imanı elde etmenin önünde duran engeller nelerdir? Ruhani imana nasıl sahip olabilirsiniz? Kutsal Kitap'ta ki ruhani imanın ataları ne tip kutsamalara nail oldu? Ve son olarak zihinlerini benliğin düşüncelerine göre ayarlayanların neden terk edildiğine bakacağız.

1. Ruhani İmanı Elde Etmenin Önünde Duran Engeller

Ruhani imanla Tanrı ile iletişim içinde olabilirsiniz. Kutsal Ruh'un berrak sesini duyabilirsiniz. İstek ve dualarınızın yanıtlarını alabilirsiniz. İster yerken ya da içerken, her ne işle meşgulseniz Tanrı'yı yüceltebilirsiniz. Ve hayatınızı Tanrı'nın beğenisi, onayı ve garantisi içinde yaşarsınız.

Öyleyse neden insanlar ruhani imana sahip olmakta başarısız olurlar? Ne tip faktörlerin ruhani imanı elde etmekten bizleri alıkoyduğunu inceleyelim.

1) Benliğin Düşünceleri

Romalılar 8:6-7 şöyle der: *"Benliğe dayanan düşünce ölüm, Ruh'a dayanan düşünceyse yaşam ve esenliktir. Çünkü benliğe dayanan düşünce Tanrı'ya düşmandır; Tanrı'nın Yasası'na boyun eğmez, eğemez de."*

Zihin iki bölüme ayrılır: Biri benliğin doğasıdır ve diğeri ise ruhanidir. Benliğin zihni, benlikte depolanan her türlü düşünceyi kapsar ve gerçek dışı her türlü şeyi içine alır. Benliğin düşünceleri günaha aittir çünkü Tanrı'nın isteğine uygun değillerdir. Romalılar 6:23 ayetinde, *"günahın ücreti ölümdür"* dendiği gibi ölümü doğururlar. Oysa ruhani zihin, gerçeğin düşüncelerini kapsar ve Tanrı'nın isteğiyle – doğruluk ve iyilik – uyum içindedir. Ruhani düşünceler yaşamı doğurur ve bizlere huzur getirir.

Örneğin, insani güç ve yetenekle üstesinden gelemediğiniz bir zorluk ya da sınanama ile karşılaştığınızı farz edin. Benliğin düşünceleri endişe ve kaygıları getirir. Ama ruhani düşünceler, endişeleri söküp atmanıza, Tanrı'nın, *"Her zaman sevinin. Sürekli dua edin. Her durumda şükredin. Çünkü Tanrı'nın Mesih İsa'da sizin için istediği budur"* (1. Selanikliler 5:16-18) diyen sözüyle sevinç içinde olmanıza öncülük eder.

Dolayısıyla ruhani düşünceler, benliğin düşüncelerine tamamen zıttır. Benliğin düşünceleriyle Tanrı'nın yasasına tabi değilsinizdir ve olamazsınız. Bu sebeple, benliğin düşünceleri Tanrı'ya düşmandır ve bizleri ruhani imana sahip olmaktan alıkoyar.

2) İmanın Eylemleri

İmanın eylemleri, tıpkı Galatyalılar 5:19-21 ayetlerinde, *"Benliğin işleri bellidir. Bunlar fuhuş, pislik, sefahat, putperestlik, büyücülük, düşmanlık, çekişme, kıskançlık, öfke, bencil tutkular, ayrılıklar, bölünmeler, çekememezlik, sarhoşluk, çılgın eğlenceler ve benzeri şeylerdir. Sizi daha önce uyardığım gibi yine uyarıyorum, böyle davrananlar*

Tanrı Egemenliği'ni miras alamayacaklar" tanımlandığı gibi, eylemlerle ortaya konan tüm günahları ve kötülüğü simgeler.

Eğer imanın eylemlerini söküp atmazsanız, ne ruhani imana sahip olur ne de Tanrı'nın egemenliğini miras alırsınız. Bu nedenle, benliğin işleri sizleri ruhani imana sahip olmaktan alıkoyar.

3) Her Türlü Teori

Webster'ın Revize Kısaltılmamış Sözlüğü'nde "Teori", "Spekülasyon veya ihtimalleri uygulamaya koymadan sonlandıran doktrin veya şeylerin düzeni; hipotez, spekülasyon" ya da "Her hangi bir bilim dalının genel ve soyut ilkelerinin bir yorumu" olarak açıklanır. Teorinin bu fikri, herhangi bir şeyin bir başka şey tarafından yaratıldığını destekleyen bir bilgi parçasıdır. Ancak bizlerin ruhani imana sahip olmasında hiç bir faydası yoktur. Daha çok bizlerin ruhani imana sahip olmasını önler.

Yaratılışçılık ve evrim teorilerini düşünelim. İnsanların pek çoğu okullarda insan ırkının maymunlardan geldiğini öğrenir. Bunun tam tersine ise, Kutsal Kitap bizlere insanı Tanrı'nın yarattığını söyler. Eğer her-şeye-gücü-yeten Tanrı'ya inanıyorsanız, okulda evrim teorisini öğrenmiş olsanız bile yaratılışın Tanrı tarafından meydana getirilmiş olduğu fikrini seçer ve izlersiniz.

Ancak Tanrı'nın yaratışına karşı okullarda öğretilen evrim teorisinden döndüğünüzde ruhani imana sahip olabilirsiniz. Aksi takdirde tüm teoriler sizlerin ruhani imana sahip olmasına engel olur çünkü evrim teorisiyle bir şeyin yoktan var olduğuna inanmanız imkânsızdır. Örneğin, bilimin bunca gelişmiş seviyelerine rağmen insanlar yumurta ve sperm gibi yaşam tohumlarını yaratamazlar. Öyleyse, ruhani iman olmadan bir şeyin yoktan var olduğuna inanmak nasıl mümkün olabilir?

Yukarıda da anlatıldığı gibi, bunların hepsi, bizlerin ruhani imana sahip olmasını engelleyen benliğin düşünceleri ve benliğin eylemleridir. Bu sebeple, bu tarz argüman ve teorileri ve Tanrı'nın gerçek bilgisine karşı duran her kibri ve gururu çürütmeli ve her türlü düşünceyi Mesih'e teslim ve itaatkar kılmalıyız.

2. Saul Benliğin Düşüncelerini İzledi ve İtaatsizlik Etti

Saul, İsrail Krallığının ilk kralıydı ama Tanrı'nın isteğine uygun bir yaşam sürmedi. İnsanların isteğiyle tahta çıktı. Tanrı, Saul'a Amalekliler'e saldırmasını ve kadın erkek, çoluk çocuk, öküz, koyun, deve, eşek demeden her şeyi tümüyle yok etmesini buyurmuştu. Kral Saul'da Amalekliler'i yenilgiye uğratıp büyük bir zafer kazanmış, ancak koyunların ve sığırların en iyilerini esirgemişti.

Saul, benliğin düşüncelerine göre davranmış ve Agak'ı ve en iyi koyunları, sığırları, besili danaları, kuzuları – iyi olan ne varsa hepsini – Rab'be kurban sunmak üzere esirgemişti. Onların hepsini tamamen yok etmeye gönüllü değildi. Bu davranış, Tanrı'nın nazarında itaatsizlik ve kibrin göstergesiydi. Tanrı, tövbe edip yaptığı işten döner diye peygamber Samuel yoluyla Saul'u azarladı. Ama kral Saul bahaneler öne sürüp doğruluğunda ısrar etti (1. Samuel 15:2-21).

Günümüzde de Saul gibi davranan pek çok inanan vardır. Aşikâr itaatsizliklerinin ne farkına varırlar ne de yaptıkları yüzünden azarlandıklarını anlarlar. Aksine bahaneler öne sürer ve benliğin düşüncelerine göre kendi yollarında ısrar ederler. Sonunda tıpkı Saul'un benliği gibi itaatsizliğin adamları olurlar. 100 insanın 100'ünün de fikirleri farklı olduğundan, kendi düşüncelerine göre davranışlar sergilediklerinde birleşemezler. Eğer kendi düşüncelerine göre davranırlarsa itaatsizlik ederler. Ama Tanrı'nın gerçeğine göre davranırlarsa, itaat edebilir ve birleşebilirler.

Tanrı, peygamber Samuel'i Saul'a göndermişti. Saul, Tanrı'nın sözüne itaat etmeyince Peygamber ona şöyle demişti: *"Çünkü başkaldırma, falcılık kadar günahtır Ve dikbaşlılık, putperestlik kadar kötüdür. Sen RAB'bin buyruğunu reddettiğin için, RAB de senin kral olmanı reddetti"* (1. Samuel 15:23).

Tıpkı bunun gibi, eğer biri insani düşüncelere bel bağlar ve Tanrı'nın isteğini izlemez ise, bu, Tanrı'ya itaatsizliktir. Ve eğer ne kendi itaatsizliğinin farkına varıyor ne de onlardan geri dönmüyorsa, Saul gibi Tanrı tarafından terk edilmekten başka bir seçeneği kalmaz.

1. Samuel 15:22'de Samuel, Saul'ü şöyle azarladı: *"RAB*

kendi sözünün dinlenmesinden hoşlandığı kadar Yakmalık sunulardan, kurbanlardan hoşlanır mı? İşte söz dinlemek kurbandan, Sözü önemsemek de koçların yağlarından daha iyidir." Düşünceleriniz ne kadar doğru görünüyor olsa da, eğer Tanrı'nın sözüne aykırıysalar, tövbe etmeli ve hemen onlardan geri dönmelisiniz. İlaveten, düşüncelerinizi Tanrı'nın isteğine itaatkâr kılmalısınız.

3. Tanrı'nın Sözüne İtaat Eden İmanın Ataları

Davut, İsrail'in ikinci kralıydı. Çocukluğundan beri kendi düşüncelerini izlemedi ama sadece Tanrı'ya olan imanıyla yürüdü. Sürülerin çobanlığını yaparken ne ayılardan ne de aslanlardan korktu ve bazen sürüleri korumak için imanla aslan ve ayılarla güreşti ve onları yendi. Sonra ise sadece imanla Filistliler'in şampiyonu Golyat'ı yenilgiye uğrattı.

Tahta çıktıktan sonra Davut'un Tanrı'nın sözüne itaatsizlik ettiği bir olay oldu. Bu konuda peygamber tarafından azarlandığında hiçbir bahane öne sürmedi ama hemen tövbe edip yaptığından geri döndü. Sonunda oldukça kutsallaştı. Benliğin adamı Saul ile ruhun adamı Davut arasında büyük bir fark vardı (1. Samuel 12:13).

40 sene boyunca çöllerde sığırların çobanlığını yaparken, Musa, her türlü düşünce ve teoriyi yok etti ve Mısırlılar'ın esaretinden İsraillilere öncülük edilmek üzere Tanrı tarafından

çağrılana dek kendini Tanrı'nın önünde alçalttı.

İnsani düşünceye kapılarak İbrahim eşini "kız kardeşim" diye tanıttı. Ancak sınamalar yoluyla ruhun insanı olduktan sonra, tek oğlu İshak'ı kendine yakmalık sunu olarak vermesini buyuran Tanrı'ya itaat edebilmişti. Birazcık dahi olsa benliğin düşüncesine bel bağlamış olsaydı, buyruğa hiç uymazdı. İshak, yaşlandıktan sonra sahip olduğu tek oğluydu ve ayrıca Tanrı'nın soy vaadinin de bir tohumuydu. Dolayısıyla, insani düşüncelerle oğlunu bir hayvan gibi parçalara ayırarak kesmek ve yakmalık kurban olarak sunmak uygunsuz bir düşünceydi. İbrahim asla yakınmadı ama aksine Tanrı'nın oğlunu ölümden diriltebileceğine inanarak itaat etti (İbraniler 11:19).

Aram Kralı'nın ordu komutanı Naaman, efendisinin gözünde saygın, değerli bir adamdı. Ancak cüzamdı ve hastalığından şifa bulmak amacıyla peygamber Elişa'ya gitti. Tanrı'nın işlerini deneyim edinmek için pek çok armağan getirmiş olsa da Elişa, onun içeri girmesine izin vermedi. Aksine uşağını göndererek ona şu mesajı iletti: *"Git, Şeria Irmağı'nda yedi kez yıkan. Tenin eski halini alacak, tertemiz olacaksın"* (2. Krallar 5:10). Benliğin düşünceleriyle Naaman bu davranışı kaba ve gücendirici buldu ve öfkelendi.

Ancak görevlilerinin nasihatiyle benliğin düşüncelerini yıktı ve buyruğa itaat etti. Yedi kez Şeria Irmağı'nda yıkandı ve teni eski halini alıp tertemiz oldu.

Su, Tanrı'nın sözünü simgeler ve '7' sayısı mükemmeliyettir. Dolayısıyla '7 kez Şeria Irmağı'nda yıkanmak', "Tanrı'nın sözüyle tamamen kutsallaşmak" anlamına gelir. Kutsallaştığınızda, her türlü sorununuza çözüm bulabilirsiniz. Böylece Naaman, peygamber Elişa tarafından peygamberliği edilen Tanrı sözüne itaat ettiğinde, Tanrı'nın hayretlere düşüren işleri onun için meydana geldi (2. Krallar 5:1-14).

4. İnsani Düşünceleri ve Teorileri Bir kez Defettiğinizde İtaat Edebilirsiniz

Yakup kurnazdı ve her türlü düşünceye sahipti. Dolayısıyla isteklerini gerçekleştirmek için çeşitli dolaplar çevirdi. Bunun sonucunda 20 yıl kadar pek çok zorluklar çekti. Sonunda Yabbuk Irmağı'nda kötü bir duruma düştü. Dayısı ile yapmış olduğu anlaşma dolayısıyla ne onun evine dönebilir ne de ırmağın karşısında kendisini öldürmek için bekleyen ağabeyi Esav'ın bulunduğu tarafa geçebilirdi. Böylesi çaresiz bir durum içersindeyken kendi doğruları ve tüm benliğin düşünceleri tamamen yok oldu. Tanrı, Esav'ın yüreğine tesir etti ve onu kardeşiyle barıştırdı. Böylece Tanrı yaşama açılan yolu açtı ki Yakup Tanrı'nın takdiri ilahisini gerçekleştirebilsin (Yaratılış 33:1-4).

Tanrı, Romalılar 8:5-7 ayetlerinde şöyle der: *"Benliğe uyanlar benlikle ilgili, Ruh'a uyanlarsa Ruh'la ilgili işleri düşünürler.*

Benliğe dayanan düşünce ölüm, Ruh'a dayanan düşünceyse yaşam ve esenliktir. Çünkü benliğe dayanan düşünce Tanrı'ya düşmandır; Tanrı'nın Yasası'na boyun eğmez, eğemez de." Bu sebeple Tanrı'nın bilgisinin karşısında dikilen her türlü fikri, teoriyi ve düşünceyi yok etmeliyiz. Her türlü düşünceyi Mesih'e itaate teslim etmeliyiz ki ruhani iman bize verilsin ve itaatin eylemlerini gösterebilelim.

İsa, Matta 5:39-42 ayetlerinde şöyle diyerek yeni bir buyruk vermiştir: *"Ama ben size diyorum ki, kötüye karşı direnmeyin. Sağ yanağınıza bir tokat atana öbür yanağınızı da çevirin. Size karşı davacı olup mintanınızı almak isteyene abanızı da verin. Sizi bin adım yol yürümeye zorlayanla iki bin adım yürüyün Sizden bir şey dileyene verin, sizden ödünç isteyeni geri çevirmeyin."* İnsani düşüncelerle bu buyruğa itaat edemezsiniz çünkü insani düşünceler gerçeğin sözüne aykırıdır. Ancak insani düşüncelerle benliğin düşüncelerini yok ederseniz, ona sevinç içinde itaat edebilirsiniz ve itaatiniz sebebiyle Tanrı her işin sizin için iyilikle sonuçlanmasına neden olacaktır.

İmanınız ne kadar çok dilinizden dökülürse dökülsün, eğer kendi düşüncelerinizi ve teorilerinizi yıkamıyorsanız ne itaat itaat edebilir ne Tanrı'nın işlerini deneyim edinebilir ne de refah ve başarıya taşınırsınız.

Sizleri Yeşaya 55:8-9 ayetlerinde yazılan şu Tanrı sözlerini akıllarınızda tutmaya davet ediyorum: *"Çünkü benim düşüncelerim Sizin düşünceleriniz değil, Sizin yollarınız benim yollarım değil diyor RAB."*

Benliğin tüm düşüncelerinden ve tüm insanı teorilerden kaçınmalı ve Tanrı'ya tam güveni yüzünden İsa tarafından methedilen yüzbaşı gibi ruhani imana sahip olmalısınız. Yüzbaşı İsa'ya gelip tüm bedeni felç olan uşağını iyileştirmesini istediğinde, sadece İsa'nın bir sözüyle uşağının iyileşeceğine olan imanını dile getirdi. İnanmış olduğu gibi yanıtı aldı. Aynı şekilde sizde ruhani imana sahip olursanız, tüm dua ve isteklerinize yanıt alabilir ve tam anlamıyla Tanrı'yı yüceltebilirsiniz.

Tanrı'nın gerçek sözü insanın ruhunu değiştirir ve eylemlerin eşlik ettiği imana sahip olmasını sağlar. Bu yaşayan ve ruhani imanla Tanrı'dan yanıt alabilirsiniz. Her birinizin imanla istediğiniz her şeyin yanıtını alabilmeniz ve Tanrı'yı yüceltmeniz için tüm benliğe ait düşünceleri ve insani teorileri yok etmesi ve ruhani imana sahip olması dileğiyle.

4. Bölüm

İmanın Tohumlarını Ekin

"Tanrı sözünde eğitilen,
kendisini eğitenle bütün nimetleri paylaşsın.
Aldanmayın, Tanrı alaya alınmaz.
İnsan ne ekerse onu biçer. Kendi benliğine eken,
benlikten ölüm biçecektir.
Ruh'a eken, Ruh'tan sonsuz yaşam biçecektir.
İyilik yapmaktan usanmayalım.
Gevşemezsek mevsiminde biçeriz.
Bunun için fırsatımız varken herkese,
özellikle iman ailesinin üyelerine iyilik yapalım."

Galatyalılar 6:6-10

İsa, Markos 9:23 ayetinde bize şu vaatte bulunur: *"'Elimden gelirse mi?' İman eden biri için her şey mümkün."* Dolayısıyla yüzbaşı kendisine geldiğinde ve İsa'nın zamanına dek İsrail'in hiçbir yerinde bulunmayan imanın büyüklüğünü gösterdiğinde, İsa ona şöyle dedi: *"Git, inandığın gibi olsun"* (Matta 8:13) ve uşak o anda iyileşti.

Bu, bizlerin görünmeyene inanmasını sağlayan ruhani imandır. Ayrıca imanımızı eylemlerle ortaya koymamızı sağlayan eylemlerin eşlik ettiği imandır. Bir şeyin yoktan var olduğuna inanan imandır. Bu sebeple, İbraniler 11:1-3 ayetlerinde iman şöyle açıklanmıştır: *"İman, umut edilenlere güvenmek, görünmeyen şeylerin varlığından emin olmaktır. Atalarımız bununla Tanrı'nın beğenisini kazandılar. Evrenin Tanrı'nın buyruğuyla yaratıldığını, böylece görülenlerin görünmeyenlerden oluştuğunu iman sayesinde anlıyoruz."*

Eğer ruhani imana sahipseniz, Tanrı sizin imanınızdan memnuniyet duyar ve her ne dilediyseniz almanıza izin verir. Ruhani imana sahip olmak için peki bizler ne yapmalıyız?

Tıpkı çiftçinin ilkbaharda ekini ekmesi ve meyvesini sonbaharda alması gibi, ruhani imanın meyvesine sahip olmak için bizlerde imanın tohumlarını ekmeliyiz.

Tarlaya tohumların ekildiği ve meyvelerin hasadının alındığı benzetmelerle imanın tohumunu nasıl ekeceğimize bakalım. İsa, kalabalıklara benzetmelerle konuşuyordu. Onlara benzetmeler kullanmadan konuşmuyordu (Matta 13:34). Çünkü Tanrı, ruhtur ve insanlar olarak bu fiziksel dünyada yaşayan bizler Tanrı'nın ruhani dünyasını anlayamayız. Ancak bu fiziksel dünyanın benzetmeleriyle bize ruhani dünya öğretildiğinde Tanrı'nın gerçek isteğini anlayabiliriz. Bu sebeple, tarlanın sürülmesi benzetmeleriyle imanın tohumlarının nasıl ekileceğini ve ruhani imana nasıl sahip olunacağını sizlere anlatacağım.

1. İman Tohumlarını Ekmek

1) İlk önce tarlayı temizlemelisiniz

Her şeyden önce bir çiftçinin ekinleri ekmek için bir tarlaya ihtiyacı vardır. Tarlasını uygun bir hale sokmak için, çiftçinin uygun gübreyi kullanması, toprağı sürmesi, taşları toplaması ve toprağı tırpanlayıp işlemesi de içinde olmak üzere toprağı yetiştirme sürecinde hantal toprağı parçalara ayırması gerekir. Ancak o zaman tarlaya ekilen ekinler iyi bir şekilde gelişir ve pek çok iyi meyveyi hasat zamanı verir.

İmanın tohumlarını ekmek için bizler ne yapmalıyız?

İsa, İncil'de bize dört çeşit topraktan bahseder. Toprak, insanın yüreğini simgeler. İlk kategori, çok sert olduğu için filizlenmeyen yol kenarına düşen tohumların toprağıdır. İkincisi toprakta ki taşlar nedeniyle güçbelâ filizlenen veya birkaç tomurcuk veren tohumların düştüğü kayalık topraktır. Üçüncüsü, dikenler yüzünden iyi yetişemeyen ve iyi meyveler veremeyen tohumların düştüğü dikenli topraktır. Sonuncusu ve dördüncü ise, filizlenen, iyi yetişen, tomurcuklanan ve pek çok iyi meyve veren iyi topraktır.

Aynı şekilde insanın yüreği de dört çeşittir. İlki, Tanrı'nın sözünü anlayamadıklarından yolun kenarına düşen yürek-tarlasıdır. İkincisi, Tanrı'nın sözünü alan ama sınama ve zulümlerle karşılaşınca düşenlerin kayalık yürek-tarlasıdır. Üçüncüsü, dünyevi endişelerin ve zenginliğin aldatıcılığının Tanrı'nın sözünü yuttuğu ve onu duyanların meyve vermesini engellediği dikenlik yürek-tarlasıdır. Sonuncusu ve dördüncüsü, Tanrı'nın sözünü anlayan ve iyi meyveler veren iyi bir yüreğin tarlasıdır. Ancak nasıl bir yürek tarlasına sahip olursanız olun, eğer tıpkı tarlasında alın teri döken çiftçi gibi yürek tarlanızı yetiştiriyor ve temizliyorsanız, yüreğiniz iyi bir yüreğe dönüşebilir. Eğer sert ise, çevirip yumuşatmalısınız. Eğer taşlı ise, taşları toplamalısınız. Eğer dikenli ise, dikenleri ayıklamalısınız. Ancak o zaman "gübreleyerek" onu iyi bir toprağa dönüştürebilirsiniz.

Eğer çiftçi tembel ise, toprağı temizleyip iyi bir toprak haline getiremez. Oysa sebatkâr bir çiftçi, toprağını iyi bir toprak haline getirmek için elinden gelenin en iyisini yapar ve toprağını temizler. Ondan sonra toprağı iyi bir toprağa dönüşür ve çok iyi meyveler üretir.

Eğer imanınız varsa, alın teri ve emekle yüreğinizi iyi bir yüreğe dönüştürmek için elinizden gelenin en iyisini denersiniz.

Tanrı'nın sözünü anlayabilmek için, yüreğinizi iyi bir yüreğe dönüştürür ve pek çok meyve verirsiniz. Kanınızı dökme pahasına günahlarınızla mücadele eder ve onları söküp atarsınız. Dolayısıyla, Tanrı'nın bizlere her türlü kötülüğü söküp atmamızı buyurduğu gibi sebatla Tanrı'nın sözüne göre günahlarınızı ve kötülüklerinizi atarsanız, yürek tarlanızda ki her bir taşı ayıklar ve onu iyi bir yüreğe dönüştürebilirsiniz.

Çiftçi sebatla emek verir ve çalışır çünkü toprağı sürdüğünde, tırpanladığında ve sürdüğünde bereketli bir hasat alacağına ve toprağını iyi bir toprağa dönüştüreceğine inanır. Aynı şekilde, yürek tarlanızı değiştirip iyi bir yüreğe dönüştürür ve onu yetiştirirseniz Tanrı'nın sevgisi içinde yaşayacağınıza, başarı ve refaha yönlendirileceğinize ve göklerin en iyi yerlerine gireceğinize ve kanınızı dökme pahasına günahlarınızla mücadele edip onları söküp atacağınıza inanmanızı diliyorum. Böylece yüreğinize ruhani imanın tohumu ekilir ve mümkün olduğunca çok meyve verirsiniz.

2) İkinci olarak, tohum gereklidir

Toprağı temizledikten sonra, tohumları ekmeli ve filizlenmelerine yardım etmelisiniz. Bir çiftçi, ilkbaharda pek çok tohum eker ve sonbaharda kabak, marul, balkabağı, yeşil ve kırmızı fasulye gibi çeşitli ürünün hasadını alır.

Aynı şekilde bizlerde yürek tarlalarımıza çeşitli tohum ekmeliyiz. Tanrı'nın sözü bize her zaman sevinç içinde olmamızı, sürekli dua etmemizi, her şeyde şükran duymamızı, ondalıklarımızı bütünüyle vermemizi, Rab'bin gününü kutsal saymamızı ve sevmemizi söyler. Tanrı'nın bu sözleri yüreğinize ekildiğinde filizlenir, tomurcuklanır ve ruhani meyveler vererek gelişir. Tanrı'nın sözüne göre yaşayabilir ve ruhani imana sahip olabilirsiniz.

3) Su ve Güneş Işığı Gereklidir

Bir çiftçinin iyi bir hasat alması için, toprağı temizleyip tohumları hazırlaması yeterli değildir. Su ve güneş ışığı da gereklidir. Ancak o zaman tohumlar filizlenir ve iyi bir şekilde gelişir.

Su neyi simgeler?

İsa, Yuhanna 4:14'de şöyle der: *"Oysa benim vereceğim sudan içen sonsuza dek susamaz. Benim vereceğim su, içende sonsuz yaşam için fışkıran bir pınar olacak."* Ruhani açıdan su, "içende sonsuz yaşam için fışkıran pınarı" simgeler ve sonsuz su, Yuhanna 6:63 ayetinde yazılan Tanrı'nın sözünü simgeler: *"Sizlere söylediğim sözler ruhtur, yaşamdır."* Bu sebeple İsa, Yuhanna 6:53-55 ayetlerinde söyle demiştir: *"Size doğrusunu söyleyeyim, İnsanoğlu'nun bedenini yiyip kanını içmedikçe, sizde yaşam olmaz. Bedenimi yiyenin, kanımı içenin sonsuz yaşamı vardır ve ben onu son günde dirilteceğim. Çünkü bedenim gerçek yiyecek, kanım gerçek içecektir."* Bu sebeple, Tanrı'nın sözünü sebatla okuduğunuzda, dinlediğinizde ve tefekkür ettiğinizde ve sözle içtenlikle dua ettiğinizde, sonsuz yaşamın yoluna girebilecek ve ruhani imana sahip olacaksınız.

Peki, güneş ışığıyla ne demek istenir?

Güneş ışığı, tohumların filizlenmesine ve iyi yetişmesine yardım eder. Aynı şekilde, eğer Tanrı'nın sözü yüreğinize girerse, ışık olan söz yüreğinizde ki karanlığı uzaklaştırır. Yüreğinizi arındırır ve iyi bir yüreğe dönüştürür. Böylece gerçeğin ışığının yüreğinizi doldurduğu ölçüde ruhani imana sahip olabilirsiniz.

Çiftçilik ile ilgili benzetmeyle yürek tarlamızı temizlememiz, iyi tohumları hazırlamamız ve imanın tohumları ekildikçe uygun su ve güneş ışığını sağlamamız gerektiğini öğrendik. Şimdi imanın tohumlarını nasıl ekeceğimize ve onları nasıl yetiştireceğimize bakalım.

2. İmanın Tohumları Nasıl Ekilir ve Yetiştirilir?

1) Öncelikle, Tanrı'nın yönüne göre imanın tohumlarını ekmelisiniz

Tohumun çeşidine göre bir çiftçi onları farklı eker. Bazı tohumları toprağın derinlerine ekerken, diğerlerini sığ yerlere eker. Aynı şekilde sizlerde Tanrı'nın sözüyle imanın tohumlarını farklı yollarda ekmelisiniz. Örneğin, dua ektiğinizde, samimi bir yürekle yakarmalı ve Tanrı'nın sözüne uygun anlatıldığı gibi dizlerinizin üzerine düzenli bir şekilde çömelmelisiniz. Ancak o zaman Tanrı'nın yanıtlarını alabileceksiniz (Luka 22:39-46).

2) İkinci olarak, imanla ekmelisiniz

Sonbaharda ekinlerin hasadını alacağına inanarak ve umut ederek ilkbaharda ekinleri eken sebatkâr ve coşkulu çiftçi gibi, sizde imanın tohumlarını – Tanrı'nın sözü – Tanrı'nın bolca hasadı almanızı sağlayacağı umudu ve sevinciyle ekmelisiniz. Bu sebeple, 2. Korintliler 9:6-7 ayetlerinde bizleri şu sözlerle teşvik eder: *"Şunu unutmayın: Az eken az biçer, çok eken çok biçer. Herkes yüreğinde niyet ettiği gibi versin; isteksizce ya da zorlanmış gibi değil. Çünkü Tanrı sevinçle vereni sever."*

Her ne ekersek onu biçeceğimiz hem bu dünyanın hem de ruhani dünyanın yasasıdır. Dolayısıyla, imanınız ne kadar büyürse, yürek tarlanızda o kadar iyi olacaktır. Ne kadar çok ekerseniz o kadar çok biçeceksiniz. Bu sebeple, her ne çeşit tohum ekerseniz ekin, bolca meyve almak için imanla, şükranla ve sevinçle ekmelisiniz.

3) Üçüncü olarak, filizlenen tohumlara çok iyi bakmalısınız

Çiftçi, toprağı hazırladıktan ve tohumları ektikten sonra sulamalı, böcekler zarar vermesin diye ilaçlamalı, toprağı gübrelemeye devam etmeli ve otları ayıklamalıdır. Aksi takdirde solar ve büyüyemezler. Tanrı'nın sözü ekildiğinde, düşman Şeytan ve iblis yaklaşmasın diye ayrıca yetiştirilmelidir. Kişi, adanmış dualarla yetiştirmeli, sevinç ve şükranla O'na sarılmalı, ayinlere katılmalı, Hristiyan kardeşliğini paylaşmalı, Tanrı'nın sözünü okumalı ve duymalı ve hizmet etmelidir. O zaman ekilen tohum filizlenir, tomurcuklanır ve meyve verir.

3. Çiçeklerin Açması ve Meyvelerin Verilmesi Süreci

Çiftçi, ekinleri ektikten sonra onlara bakmaz ise, böcekler onları yer, otlar çıkar ve meyve vermesini engeller. Çiftçi, işinden bıkmamalı ama iyi ve bol meyvenin hasadına kadar sebatla bitkileri büyütmelidir. Uygun zaman geldiğinde, tohumlar gelişir, çiçek açar ve sonunda arılarla kelebeklerin yardımıyla meyve verir. Meyveler olgunlaştığında, çiftçi sonunda sevinç içinde iyi meyvelerin hasadını alır. Ektiğinin 30, 60 ve 100 katı hasat alan çiftçi, tüm emek ve sabrının iyi ve değerli meyvelere dönüşmesi karşısında ne sevinir!

1) İlk önce, ruhani çiçek açar

"İmanın tohumları gelişir ve ruhani çiçekler açar" ne anlama gelir? Eğer bitkiler çiçek açarsa, koku yayarlar ve kokular, arı ile kelebekleri çeker. Aynı şekilde, bizlerde yürek tarlalarımıza Tanrı'nın sözünü ektiğimizde ve onlara baktığımızda, Tanrı'nın sözüne göre yaşadığımız ölçüde bizlerde ruhani çiçek verir ve Mesih'in kokusunu yayarız. İlaveten, dünyanın tuzu ve ışığı görevini görebiliriz. Böylece işlerimizi gören pek çok insan göksel Baba'mızı yüceltir (Matta 5:16).

Eğer Mesih'in kokusunu yayarsanız, düşman Şeytan uzaklaşır ve evinizde, iş yerinizde Tanrı'yı yüceltebilirsiniz. Yerken, içerken ve yaptığınız her iş de Tanrı'yı yüceltebilirsiniz. Sonuç olarak evangelizmin meyvelerini verecek, Tanrı'nın egemenliği ve doğruluğunu başarıyla gerçekleştirecek ve yürek tarlanızı değiştirip iyi bir yürek haline getirerek ruhun insanına dönüşeceksiniz.

2) Sonra, meyve verecek ve olgunlaşacak

Çiçekler açtıktan sonra, meyve vermeye başlar ve meyveler olgunlaştığında çiftçi hasadı alır. Bunu imanımıza uygularsak nasıl bir meyve veririz? Galatyalılar 5:22-23 ayetlerinde yazılı olan Kutsal Ruh'un dokuz meyvesi, Matta 5 bölümünde yazılan Gerçek Mutluluk ve 1. Korintliler 13 bölümünde yazılan Sevginin Meyveleri de olmak üzere Kutsal Ruh'un çeşitli meyvelerini veririz.

Kutsal Kitap'ı okuyarak ve Tanrı'nın sözünü dinleyerek çiçek açıp açmadığımızı, meyve verip vermediğimizi ve meyvelerin ne kadar olgun olduğunu sorgulayabiliriz. Meyveler tam olgunlaştığında, istediğimiz vakit hasadı alır ve gerektiği gibi tadını çıkarabiliriz. Mezmurlar 37:4 şöyle der: *"RAB'den zevk al, O senin içindeki istekleri yerine getirecektir."* Bir banka hesabında milyarlarca dolar kazandıran bir yatırımın dilendiği gibi harcanmasıyla aynıdır.

3) Son olarak, ektikçe biçeceksiniz

Mevsimi geldiğinde, bir çiftçi ne ektiyse onu biçer ve bunu her yıl tekrarlar. Hasadının miktarı, ektiklerine ve ne kadar sebat ve bağlılıkla tohumlarla ilgilendiğine göre farklıdır.

Eğer dua ektiyseniz, ruhunuz gönenç içinde olur ve eğer sadakatle hizmet ektiyseniz, gerek bedenen gerekse ruhen iyi bir sağlığın tadına varırsınız. Eğer emekle mali işler ektiyseniz, finansal açıdan kutsanır ve dilediğiniz kadar fakirlere yardımcı olursunuz. Tanrı, Galatyalılar 6:7 ayetinde bize şu vaatte bulunur: *"Aldanmayın, Tanrı alaya alınmaz. İnsan ne ekerse onu biçer."*

Kutsal Kitap'ın pek çok bölümü, insanın ne ekerse onu biçeceğini söyleyerek Tanrı'nın bu vaadini tasdik eder. 1. Krallar'ın 17. bölümünde Sarefat'ta yaşayan bir dulun hikâyesi vardır. Toprağa üç buçuk yıl boyunca yağmur düşmediğinden ve dere kuruduğundan, dul ve ailesi açlık sınırındaydı. Ancak Tanrı adamı İlyas için küpte bir avuç un ve çömleğin içinde ki azıcık yağ ile ekmek yaptı. O vakitler yiyecek, altından çok daha fazla değerliydi ve kadının bunu iman olmadan yapmasının imkânı yoktu. İlyas tarafından peygamberliği edilen Tanrı sözüne güvendi, inandı ve imanla ekti. İmanın karşılığında Tanrı, kadını hayretlere düşüren bereketlerle kutsadı ve hep birlikte kıtlık son bulana dek günlerce yiyip içtiler (1. Krallar 17:8-16).

Markos 12:41-44 ayetleri bizlere birkaç kuruş değerinde iki bakır para atan yoksul bir dulu tanıtır. İsa bunu görüp şöyle der: *"Size doğrusunu söyleyeyim. Bu yoksul dul kadın kutuya herkesten daha çok para attı. Çünkü ötekilerin hepsi, zenginliklerinden artanı attılar. Bu kadın ise yoksulluğuna karşın, varını yoğunu, geçinmek için elinde ne varsa, tümünü verdi."* İsa'nın kadının bu davranışını övmesinden sonra ne büyük bir kutsamayla ödüllendirildi!

Tanrı, ruhani dünyanın yasasını kurdu ve bizlere ne ekersek onu biçeceğimizi söyledi. Ancak hiç ekmeden biçmek istemeniz ya da ektiğinizin 30, 60 veya 100 katı biçeceğinize inanmak Tanrı ile alay etmek olduğu konusunda sizi uyarmalıyım çünkü Tanrı asla Sözlerini çiğnemez.

Çiftçi benzetmesiyle ruhani imana sahip olmak için imanın tohumlarını nasıl ekeceğimize ve onu nasıl yetiştireceğimize baktık. Şimdi diliyorum ki yürek tarlanızı elverişli bir hale getirip iyi bir tarlaya dönüştürün. İmanın tohumlarını ekin ve onları yetiştirin. Böylece iman, umut ve sabırla olabildiğince çok ekmeli ve onları yetiştirmelisiniz ki 30, 60 veya 100 katı kutsanınız. Uygun vakit geldiğinde, meyvelerin hasadını alacak ve Tanrı'yı olabildiğince çok yücelteceksiniz.

Dileğim odur ki Kutsal Kitap'ın her bir sözüne inananız ve Tanrı'nın sözünün öğretilerine göre imanın tohumlarını ekiniz. Böylece bolca meyve verebilir, Tanrı'yı yüceltebilir ve her türlü kutsamanın tadına varabilirsiniz.

5. Bölüm

'Elimden Gelirse mi?'
Her şey Mümkün!

İsa çocuğun babasına,
"Bu hal çocuğun başına geleli ne kadar oldu?" diye sordu.
"Küçüklüğünden beri böyle" dedi babası.
Üstelik ruh onu öldürmek için sık sık ateşe, suya attı.
Elinden bir şey gelirse, bize yardım et, halimize acı! İsa ona,
"Elimden gelirse mi? İman eden biri için her şey mümkün!"
dedi. Çocuğun babası hemen,
"İman ediyorum, imansızlığımı yenmeme yardım et!"
diye feryat etti. İsa, halkın koşuşup geldiğini görünce kötü
ruhu azarlayarak, "Sana buyuruyorum, dilsiz ve sağır ruh,
çocuğun içinden çık ve ona bir daha girme!" dedi.
Bunun üzerine ruh bir çığlık attı
ve çocuğu şiddetle sarsarak çıktı.
Çocuk ölü gibi hareketsiz kaldı, öyle ki oradakilerin birçoğu,
"Öldü!" diyordu. Ama İsa elinden tutup kaldırınca,
çocuk ayağa kalktı.

Markos 9:21-27

İnsanlar sevinç, keder ve acı gibi başlarından geçen deneyimlerle hayat tecrübelerini depolarlar. Pek çokları gözyaşı, katlanma ve başkalarından gelen yardımla çözemeyecekleri ciddi sorunlarla karşılaşıp ıstırap çekerler.

Bunlar, modern tıbbın tedavi edemeyeceği hastalıklar, hiç bir felsefe veya psikolojinin çözemeyeceği yaşam stresine bağlı ruhsal hastalıklar, büyük bir zenginliğin çözüme kavuşturamayacağı ev ve çocuklarla ilgili sorunlar ve hiçbir çabayla düzene girmeyen iş ve mali meselelerle ilgili sorunlardır. Bu liste uzar gider. Tüm bu sorunları kim çözebilir?

Markos 9:21-27 ayetlerinde İsa ile oğlu cine tutulmuş bir baba arasında geçen konuşmayı okuruz. Çocuk ciddi anlamda dilsizlik ve sara nöbetlerinden mustaripti. Kötü ruh yüzünden çoğu zaman kendini suya ve ateşe atıyordu. Ruh onu nerede yakalarsa yere çarpıyor, çocuk ağzından köpükler saçıyor, dişlerini gıcırdatıyor ve kaskatı kesiliyordu.

Şimdi babanın, sorununa çözümü İsa'dan nasıl aldığını inceleyelim.

1. İnançsızlığı Yüzünden İsa'nın Babayı Azarlaması

Çocuk, doğduğundan beri dilsiz ve sağırdı. Dolayısıyla hiç kimseyi duyamadığından başkalarına kendini anlatmakta ciddi zorluk yaşıyordu. Çoğu zaman epilepsi yüzünden azap içindeydi ve kasılma belirtileri gösteriyordu. Bu sebeple baba, acıların ve kaygıların tam ortasında yaşamak zorundaydı ve yaşamda hiçbir umudu yoktu.

Baba, ölüyü dirilten, her türlü hastalığa şifa veren, körlerin gözünü açan ve çeşitli mucizeler meydana getiren İsa ile ilgili haberleri duydu. Haberler babanın yüreğine umut tohumlarını ekti. "Eğer duyduğum gibi güçleri varsa, benim oğlumu da tüm hastalıklarından iyileştirir" diye düşündü. Oğlunun hastalığının tekrarlama şansı olabileceğinden şüphe duydu. Bu beklentiyle oğlunu İsa'ya getirdi ve O'ndan şöyle bir rica da bulundu: "Elinden bir şey gelirse, bize yardım et, halimize acı!"

İsa babayı duyunca inançsızlığı yüzünden onu azarladı ve şöyle dedi: "Elimden gelirse mi? İman eden biri için her şey mümkün!" Çünkü baba İsa'yı duymuş ama yürekten O'na inanmamıştı.

Eğer İsa'nın, hiçbir şeyin Kendisi için imkânsız olmadığı herşeye-gücü-yeten ve Kendisi Gerçeğin ta kendisi olan Tanrı'nın oğlu olduğuna yürekten inansaydı, O'na asla "Elinden bir şey gelirse, bize yardım et, halimize acı!" demezdi.

İman olmadan Tanrı'yı hoşnut etmek imkânsızdır ve ruhani iman olmadan yanıt almak mümkün değildir. İsa, babanın bu gerçeği fark etmesini sağlamak için şöyle dedi: "Elimden gelirse mi?" ve tam anlamıyla inanmadığı için babayı payladı.

2. Tam Bir İmana Nasıl Sahip Olunur?

Görünmeyene inandığınızda, imanınız Tanrı tarafından kabul görür ve bu iman, "ruhani iman", "gerçek iman", "yaşayan iman" veya "eylemlerin eşlik ettiği iman" olarak adlandırılır. Bu imanla bir şeyin yoktan yaratıldığına inanabilirsiniz. Çünkü iman, umut edilenlere güvenmek, görünmeyen şeylerin varlığından emin olmaktır (İbraniler 11:1-3).

Dile getirdiğiniz zaman sizin tam bir imana sahip olduğunuz düşünülür çünkü Kutsal Kitap'ta yazılan İsa Mesih'in adına, çarmıha, dirilişe, Rab'bin geri dönüşüne, Tanrı'nın altı-günlük yaratışına ve mucizelere inanırsınız. Eğer inanamıyorsanız, dudaklarınızla inkâr etmeden önce size ruhani iman verilsin diye dua etmelisiniz.

Tam bir imana sahip olmak için üç koşul vardır.

Her şeyden önce, Tanrı'nın karşısında duran günah bariyerleri yıkılmalıdır. Eğer kendinizi günah bariyerine sahip bulursanız, onlardan tövbe ederek yıkmalısınız. Ek olarak, kanınızı dökme pahasına günahlarınızla mücadele etmeli ve tekrar günah işlememek için her türlü kötülükten kaçınmalısınız. Sadece günahların düşüncesiyle bile dertli hissediyor, günahlar karşısında kaygılanıyor ve endişeleniyorsanız, günah işlemeye nasıl cesaret edersiniz? Günahla dolu bir yaşam sürdürmek yerine Tanrı ile iletişim içinde olabilir ve tam bir imana sahip olabilirsiniz.

İkinci olarak, Tanrı'nın isteğini izlemelisiniz. Tanrı'nın isteğini yerine getirmek için, her şeyden önce Tanrı'nın isteğinin ne olduğunu net bir şekilde anlamanız gerekir. Sonra kişisel olarak her ne arzularsanız arzulayın, eğer Tanrı'nın isteği değilse yapmamalısınız. Diğer taraftan yapmayı istemedikleriniz eğer Tanrı'nın isteği ise, yapmalısınız. Tüm yüreğiniz, gücünüz, samimiyetiniz ve aklınızla O'nun isteğini izlediğinizde size tam bir imanı verir.

Üçüncü olarak, Tanrı'ya olan sevginizle O'nu hoşnut etmelisiniz. Yerken, içerken veya her yaptığınız iş de eğer her şeyi Tanrı'nın görkemi için yaparsanız ve kendinizi feda ederek Tanrı'yı hoşnut ederseniz, asla tam bir imana sahip olmakta başarısız olmazsınız. Mümkün olmayanı mümkün kılan işte bu imandır. Bu tam imanla sadece görülene inanmak ve onu gücünüzle mümkün kılmakla kalmaz ama ayrıca insani yeteneklerle görülmeyeni ve mümkün olmayanı da mümkün kılarsınız. Dolayısıyla bu tam imanı itiraf ettiğinizde, imkânsız olan her şey mümkün kılınır.

Dolayısıyla, "'Elimden gelirse mi? İman eden biri için her şey mümkün!"diyen Tanrı'nın sözü üzerinize gelecek ve sizde yaptığınız her iş de O'nu yüceltebileceksiniz.

3. İman Eden Biri İçin Her Şey Mümkün

Tam bir iman size verildiğinde, sizin için mümkün olmayan hiçbir şey olmaz ve her türlü sorununuza çözüm bulabilirsiniz. İmkânsızı mümkün kılan Tanrı'nın gücünü hangi alanlarda deneyim edebilirsiniz? Üç açıyı inceleyelim.

Üçünden ilki hastalıklarla ilgili sorunlardır.

Bakteri ya da viral bir enfeksiyon yüzünden hasta olduğunuzu farz edin. Eğer imanınızı gösterir ve Kutsal Ruh ile dolarsanız, Kutsal Ruh'un ateşi bu hastalıkları yakar ve şifa bulursunuz. Dahası, eğer günahlarınızdan tövbe edip dönerseniz, dualarla da şifa bulursunuz. Eğer imanda yeniyseniz, yüreğinizi açmalı ve imanınızı gösterebilene kadar Tanrı'nın sözünü dinlemelisiniz.

İkinci olarak, eğer tıbbi tedavinin iyileştiremediği ciddi bir hastalıktan çekiyorsanız, büyük bir imanın kanıtını göstermelisiniz. Ancak yüreğinizi ayıklayarak günahlarınızdan tam anlamıyla tövbe ettiğinizde ve gözyaşlarıyla dolu dualarla Tanrı'ya tutunduğunuzda iyileşebilirsiniz. Ama zayıf imanları olanlar ya da kiliseye gitmeye yeni başlayanlar kendilerine ruhani iman verilene kadar iyileşemezler ve onlara bu imandan verildiği kadarıyla şifa işleri azar azar meydana gelir.

Son olarak, fiziksel bozukluklar, anormallikler, sakatlıklar, sağırlık, ruhsal ve fiziksel rahatsızlıklar ve irsi sorunlar, Tanrı'nın gücü olmadan düzelemez. Bu durumlardan çekenler Tanrı'nın önünde samimiyetlerini göstermeli, sevebileceklerinin imanın kanıtını sunmalı ve O'nu hoşnut etmelidirler ki Tanrı tarafından tasdik edilip O'nun gücü yoluyla şifa işlerine kavuşabilsinler.

Şifanın bu işleri, Bartimay adında ki dilencinin İsa'ya yakarması (Markos10:46-52), yüzbaşının imanının büyüklüğünü göstermesi (Matta 8:6-13) ve İsa'nın huzurunda felçli ile dört arkadaşının imanlarının kanıtını sunuşu (Markos 2:3-12) gibi imanın eylemlerini gösterdiğinde meydana gelir.

İkinci alan mali sorunlarla ilgili olan alandır.

Eğer Tanrı'nın yardımı olmadan kendi bilginizle, yönteminizle ve deneyimlerinizle mali sorunları çözmeye çalışıyorsanız, sorunlarınız sadece kendi yetenek ve çabalarınıza göre çözülebilir. Ancak günahlarınızı atar, Tanrı'nın isteğini izler ve Tanrı'nın sizi Kendi yoluna taşıyacağına inanarak sorunlarınızı Tanrı'ya teslim ederseniz, ruhunuz gönenç içinde olur, her şey sizin için yolunda gider ve iyi bir sağlığın tadına varırsanız. Dahası, Kutsal Ruh ile yürüdüğünüzden Tanrı'nın kutsamalarını da alırsınız.

Yakup, Yabbuk Irmağı'nda Tanrı'nın bir meleğiyle güreş tutana dek yaşamında insani yolları ve aklı izledi. Melek onun uyluk kemiğine dokundu ve uyluk kemiği yerinden çıktı. Tanrı'nın meleğiyle yaptığı bu güreşte kendini Tanrı'nın otoritesine teslim etti ve her şeyi O'nun ellerine bıraktı. O andan itibaren sadece Tanrı'dan kendisiyle birlikte olmasıyla kutsanmadı ama ayrıca başka kutsamalarda aldı. Aynı şekilde eğer Tanrı'yı sever, hoşnut eder ve her şeyi O'nun ellerine bırakırsanız, her şey sizin için yolunda gider.

Üçüncü ise ruhani gücün nasıl alınacağıyla ilgilidir.

1. Korintliler 4:20 ayetinde Tanrı'nın egemenliği sözlerden değil ama güçten oluşur. Güç, tam bir imana ne kadar sahip olursak o kadar büyür. Dualarımızın, imanımızın ve sevgimizin ölçüsüne göre Tanrı'nın gücü üzerimize farklı gelir. Şifa armağanından çok daha yüksek seviyede olan Tanrı'nın mucizelerinin işleri ancak dua ve oruç yoluyla Tanrı'nın gücünü alabilenler tarafından sergilenebilir.

Böylece, eğer tam bir imana sahipseniz, imkânsız olan sizin için mümkün olabilecektir ve o zaman cesurca, "elimden gelirse mi? İman eden biri için her şey mümkün!" diyebileceksiniz.

4. "İman ediyorum, imansızlığımı yenmeme yardım et!"

Herhangi bir sorununuza çözüm alabileceğiniz gerekli bir süreç sizin için mevcuttur.

İlk önce, süreci başlatmak için dudaklarınızla pozitif itiraflar sunmalısınız.

Kötü bir ruha tutulan oğlu yüzünden uzun süre ıstırap çeken bir baba vardı. İsa ile ilgili haberleri duyduğunda özlem dolu bir yürekle O'nu görmeye geldi. Sonra, oğlunun şifa bulacağı beklentisiyle oğlunu İsa'ya getirdi. Her ne kadar bundan tam emin değilse de İsa'dan oğlunu iyileştirmesini istedi.

İsa, "Elimden gelirse mi?" diyerek babayı azarladı. Ama daha sonra, *"İman eden biri için her şey mümkün!"* (Markos 9:23) diyerek babayı cesaretlendirdi. Baba ağlayarak şöyle dedi: *"İman ediyorum, imansızlığımı yenmeme yardım et!"* (Markos 9:23) Böylece, İsa'nın önünde bu pozitif itirafı yaptı.

İsa ile her şeyin mümkün olduğunu kendi kulaklarıyla duyduğundan, beyninde bunu kavradı ve dudaklarıyla itiraf etti ama yürekten inanmasını sağlayan imanını dile getirmedi. Bir bilgi olarak imana sahip olsa da pozitif itirafı ruhani imanı hızla almasını ve dileğinin yerine gelmesini sağladı.

İkinci olarak, yürekten inanmanızı sağlayan ruhani imana sahip olmalısınız.

Kötü ruha tutulan çocuğun babası şevkle ruhani imanı almayı arzuladı ve İsa'ya şöyle dedi: *"İman ediyorum, imansızlığımı yenmeme yardım et"* (Markos 9:23). İsa, babanın ricasını duyduğunda, babanın yüreğinin içtenliğini, doğruluğunu, samimi ricasını ve imanını biliyordu ve dolayısıyla ona tüm yüreğiyle inanacağı ruhani imanı verdi. Baba ruhani imana sahip olduğundan, Tanrı baba için çalışabildi ve böylece baba da Tanrı'dan yanıt aldı.

İsa, Markos 9:25 ayetinde, *"Sana buyuruyorum, dilsiz ve sağır ruh, çocuğun içinden çık ve ona bir daha girme!"* dediğinde, kötü ruh çıktı.

Çocuğun babasının bir bilgi olarak depolanan benliğin imanıyla Tanrı'dan yanıt alması mümkün değildi. Ancak ruhani imanı alır almaz, Tanrı'nın yanıtı kendisine hemen verildi.

Süreçte ki ikinci nokta, yanıt alınacak son ana kadar dualarda yakarmaktır.

Yeremya 33:3 ayetinde Tanrı bize şu vaatte bulunur: *"Bana yakar da seni yanıtlayayım; bilmediğin büyük, akıl almaz şeyleri sana bildireyim."* Hezekiel 36:37 ayetinde bize şunu öğretir: *"İsrail halkının benden yine yardım dilemesini sağlayacağım."* Yukarıda da yazıldığı gibi, İsa, Eski Ahit peygamberleri ve Yeni Ahit öğrencileri, Tanrı'dan yanıt almak için yakararak dua ettiler.

Aynı şekilde, ancak dua esnasında yakararak, yürekten inanmanızı sağlayan imana sahip olabilir ve ancak bu ruhani imanla sorunlarınızla dualarınıza yanıt alabilirsiniz. Yanıt alana dek dualarınızda yakarmalısınız. Böylece imkânsız olan sizin için mümkün olur. Kötü ruha kapılan çocuğun babası yanıt alabildi çünkü İsa'ya yakardı.

Kötü ruha tutulan çocuğun babasının hikâyesi bizlere Tanrı'nın yasasıyla ilgili önemli bir ders verir. '"Elimden gelirse mi? İman eden biri için her şey mümkün!" diyerek Tanrı'nın sözünü deneyim edebilmemiz için, benliğin imanını tam bir imana sahip olacağınız, kayanın üzerinde duracağınız ruhani imana dönüştürmeli ve kuşku duymadan itaat etmelisiniz.

Tüm bu süreci toparlayacak olursak, önce benliğin imanıyla sahip olduğunuz imanın bir bilgi olarak depolanmış iman olduğunu dudaklarınızla itiraf etmelisiniz. Sonra, yanıt alana dek Tanrı'ya yakararak dua etmelisiniz. Ve sonunda, yürekten inanmanızı mümkün kılan ruhani imanı göklerden almalısınız. Tam yanıtlar alacağınız bu üç koşulu sağlamak için önce Tanrı'nın karşısında duran günah duvarını yıkmalı ve sonra içtenlikle imanın eylemlerini göstermelisiniz. Böylece ruhunuz gönenç içinde olur. Bu üç koşulu yerine getirdiğiniz ölçüde göklerden ruhani iman size verilir ve imkânsız olan sizin için mümkün kılınır.

Her-şeye-gücü-yeten Tanrı'ya kendinizi teslim etmek yerine kendi başınıza işler yapmayı denerseniz, sıkıntılarla boğuşur ve zorluklarla yüzleşirsiniz. Oysa imkânsız olduğunu düşünmenizi sağlayan insani düşünceleri yıkar ve her şeyi Tanrı'ya teslim ederseniz, Tanrı sizin için her şeyi halleder. Dolayısıyla daha başka ne imkânsız olabilir?

Benliğe dayanan düşünce Tanrı'ya düşmandır (Romalılar 8:7). Sizi inanmanızdan alıkoyar ve olumsuz itiraflarda bulunmanızı sağlayarak Tanrı'yı hayal kırıklığına uğratmanıza neden olurlar. Şeytanın sizinle ilgili suçlamalar getirmesine yardımcı olurlar. Ayrıca üzerinize testler, sınamalar, dertler ve zorlukları getirir. Bu sebeple benliğin bu düşüncelerini yıkmalısınız. Ruhunuzun gönençliği, iş hayatı, hastalık ve aile gibi her ne türlü sorunla karşılaşırsanız karşılaşın, onları Tanrı'nın ellerine bırakmalısınız. Her-şeye-gücü-yeten Tanrı'ya güvenmeli, O'nun imkânsızı mümkün kıldığına inanmalı ve imanla benliğin her türlü düşüncesini yıkmalısınız.

"İman ediyorum." gibi olumlu itiraflarda bulunduğunuzda ve yürekten Tanrı'ya dua ettiğinizde, Tanrı sizlere yürekten inanmanızı sağlayan imanı verecektir. Ve bu imanla her türlü sorununuza yanıt bulmanızı ve Kendisini yüceltmenizi sağlayacaktır. Bu ne kutsanmış bir hayat!

Tanrı'nın egemenliği ve doğruluğunu başarıyla gerçekleştirmeniz için sadece iman yolunda yürümeniz, dünyaya müjdeyi duyurmak için Son Buyruğu yerine getirmeniz ve sizlere tayin edilmiş Tanrı'nın isteğini yerine getirmeniz, çarmıhın bir savaşçısı olarak imkânsızı mümkün kılmanız ve Mesih'in ışığıyla parlamanız dileğiyle İsa Mesih'in adıyla dua ediyorum.

6. Bölüm

Daniel'in Sadece Tanrı'ya Güvenmesi

Daniel,
"Ey kral, sen çok yaşa!" diye yanıtladı,
Tanrım meleğini gönderip aslanların ağzını kapadı.
Beni incitmediler.
Çünkü Tanrı'nın önünde suçsuz bulundum.
Sana karşı da, ey kral, hiçbir yanlışlık yapmadım.
Kral buna çok sevindi,
Daniel'i çukurdan çıkarmalarını buyurdu.
Daniel çukurdan çıkarıldı.
Bedeninde hiçbir yara izi bulunmadı.
Çünkü Tanrısı'na güvenmişti.

Daniel 6:21-23

Henüz bir çocukken, Daniel Babil'e esir olarak götürüldü. Ama sonra, kral'ın beğenisini kazanarak onun sağ kolu oldu. Tanrı'yı en azami ölçüde sevdiğinden, Tanrı, Daniel'e her konu ve bilgelikte bilgi ve akılla donattı. Hatta her türlü görüm ve rüyaları anlıyordu. Bir siyaset adamı ve Tanrı'nın gücünü ifşa eden bir peygamberdi.

Tüm hayatı boyunca Tanrı'ya hizmet konusunda asla dünyayla uzlaşmadı. Tüm sınama ve denemelerin üstesinden bir şehidin imanıyla geldi ve imanın büyük zaferiyle Tanrı'yı yüceltti. Onun sahip olduğu imana sahip olmak için bizler neler yapmalıyız?

Daniel'in niçin Babil kralının sağ kolu olduğunu, neden aslan çukuruna atıldığını ve vücudunda hiçbir yara almadan nasıl aslan çukurundan çıktığını detaylıca inceleyelim.

1. İmanın Adamı Daniel

Kral Rehoboam'ın hükümranlığı esnasında İsrail krallığı, Süleyman'ın tahttan düşmesi yüzünden kuzeyde İsrail krallığı ve güneyde Yahuda krallığı olmak üzere ikiye ayrıldı (1. Krallar 11:26-36). Tanrı'nın buyruklarına uyan krallar ve uluslar gönenç içindeydiler ama Tanrı'nın yasasına itaatsizlik edenler yok edilmişti.

M.Ö 722 yılında Asur saldırıları yüzünden kuzeyde ki İsrail Krallığı yıkıldı. Sayısız insan esir olarak Asur'a götürüldü. Güneyde ki Yahuda krallığı da istilaya uğradı ama yok olmadı.

Daha sonra Kral Nebukadnessar Yahuda'ya saldırdı ve üçüncü kuşatma da Yeruşalim Kentine girdi ve Tanrı'nın tapınağını yıktı. Bu, M.Ö 586 yılında oldu.

Yahuda Kralı Yehoyakin'in hükümranlığının üçüncü senesin de Babil Kralı Nebukadnessar Yeruşalim'e gelerek kenti kuşattı. Bu ilk kuşatmada Kral Nebukaddnessar Tanrı'nın evinde ki bazı eşyalarla birlikte Kral Yehoyakin'i bronz zincirlere vurarak Babil'e götürdü.

Daniel, kraliyet ailesinden geliyordu ve esir olarak alınanların ilki asillerdi. Kendi uluslarından farklı bir ulus içinde yaşadılar ama Davut, farklı krallara – Babil kralları Nebukkadnessar ile Belşassar ve Pers kralları Darius ile Koreş – hizmet ettiği vakit büyümüştü. Daniel'de İsrail dışında ki ulusların ülkesinde çok uzun yaşamış ve krallardan sonra gelen ikinci kişi olarak farklı ülkelerde hizmet etmişti. Ancak dünyaya ödün vermeyen bir iman göstermiş ve Tanrı'nın bir peygamberi olarak zafer dolu bir yaşam sürmüştü.

Babil kralı Nebukadnessar, İsrailliler arasından kral soyundan gelme ya da soylu bazı gençlerin seçilip saraya getirilmesi için saray görevlilerine buyruk verdi. Bu kişiler, kusursuz, yakışıklı, her konuda bilge, bilgili, öğrenmeye yetenekli, sarayda görev almaya uygun nitelikte kişiler olmalıydı. Onlara Kildanililer'in dilini öğreteceklerdi. Kral bu gençler için kendi sofrasından gündelik yiyecek ve şarap ayırdı. Üç yıl eğitildikten sonra gençler kralın önüne çıkarılacaklardı. Daniel işte onlardan biriydi

(Daniel 1:4-5).

Ama Daniel dinsel yönden kendisini kirletmemek için kralın onlar için ayırdığı yemekten yememeye ve şaraptan içmemeye kararlıydı. Dolayısıyla kendini kirletmemek için saray görevlilerinin yöneticisine ricada bulundu (Daniel 1:8). Bu, Tanrı'nın yasasını tutmak isteyen Daniel'in imanıydı. Tanrı, saray görevlileri yöneticisinin Daniel'e sevgiyle, sevecenlikle davranmasını sağladı (a. 9). Böylece gözetici o günden sonra kralın gençler için ayırdığı yemekle şarabı kaldırdı ve onlara sebze vermeyi sürdürdü (a. 16).

Daniel'in imanını gördüğünden Tanrı onlara her konuda bilgi, beceri, bilgelik verdi. Daniel her çeşit görümü ve düşü yorumlayabiliyordu (a. 17). Kral bilgelik ve anlayışla ilgili konularda onları sınadı ve dört genci ülkesindeki bütün sihirbazlardan, falcılardan on kat üstün buldu (a. 20).

Bir gün kral Nebukadnessar gördüğü bir düş yüzünden sıkıntıya düştü ve uyuyamıyordu. Kildaniler arasından hiç kimse bu düşü yorumlayamıyordu. Ama Daniel, Tanrı'nın gücüyle ve bilgeliğiyle bu düşü yorumlamakta başarılı oldu. Böylece kral, Daniel'i yüksek bir göreve getirdi; ona birçok değerli armağan verdi. Onu Babil İli'ne vali atadı, Babil'in bütün bilgelerinin başkanı yaptı (a. 48).

Sadece Babil kralı Nebukadnessar'ın hükümranlığında değil ama Belşassar'ın zamanında da büyük bir beğeni ve kabul kazandı. Belşassar'ın buyruğuyla ülkede ki üçüncü önder seçildi.

Kral Belşassar öldürüldüğünde ve Darius kral olduğunda, Daniel hala kralın koruması altındaydı.

Kral Darius bütün ülkeyi yönetecek yüz yirmi satrap ve üç bakan atadı. Ancak Daniel kendisinde bulunan olağanüstü ruh sayesinde öbür bakanlarla satraplardan üstün olduğundan, kral onu bütün ülkenin başına atamayı tasarlıyordu.

Bunun üzerine öbür bakanlarla satraplar Daniel'i ülke yönetimi konusunda suçlamak için fırsat kollamaya başladılar. Ancak ne suçlanacak bir yanını, ne de bir yanlışını buldular. Çünkü Daniel güvenilir biriydi. Kendisinde hiçbir eksiklik ya da yanlışlık bulamadılar. Sonunda Daniel'e karşı Tanrı'nın yasasıyla ilgili bir suçlama getirmek için plan yaptılar. Kraldan bir yasa çıkarmasını ve otuz gün içinde kraldan başka bir insana ya da ilaha dua edenin aslan çukuruna atılmasının yasalaştırılmasını istediler. Ve Medler'le Persler'in değişmez yasası uyarınca değiştirilmemesi için kraldan yasayı imzalamasını istediler. Böylece Kral Darius yasağı içeren yasayı imzaladı.

Daniel yasanın imzalandığını öğrenince evine gitti. Yukarı odasının Yeruşalim yönüne bakan pencereleri açıktı. Daha önce yaptığı gibi her gün üç kez diz çöküp dua etti, Tanrısı'na övgüler sundu (Daniel 6:10). Yasayı ihlal ettiği takdirde aslan çukuruna atılacağını biliyordu ama bir şehidin ölümünde ki kararlılık gibi sadece Tanrı'ya hizmet etti.

Daniel, Babil'de ki esaretin tam ortasında dahi her

zaman Tanrı'nın lütuflarını hatırladı ve sürekli günde üç kez adanmışçasına dizlerinin üzerinde dua ederek ve şükranlarını sunarak Tanrı'yı sevdi. Güçlü bir imanı vardı ve Tanrı'ya hizmet konusunda asla dünyaya ödün vermedi.

2. Daniel'in Aslan Çukuruna Atılması

Daniel'i kıskanan insanlar bir mutabakat içindeydi ve onu Tanrısı'na dua edip yalvarırken gördüler. Böylece krala giderek ona imzalamış olduğu yasayı hatırlattılar. Sonunda kral, kendisinden bu yazıyı imzalamasını istemelerinin sebebinin kral değil ama Daniel'e kurdukları tuzak olduğunu kavradı ve üzüldü. Ama kral yasayı imzalamış olduğundan ve yasayı ilan ettiğinden, kendisi bile bozamazdı.

Bu yüzden kral çok üzgündü ve Daniel'i kurtarmayı kafasına koydu. Ama straplar ve bakanlar krala kendisinin imzalamış olduğu yasayı hatırlattılar ve kralın yapacağı bir şey yoktu.

Bunun üzerine kral Daniel'i getirip aslan çukuruna atmalarını buyurdu ve bir taş getirip çukurun ağzına koydular. Çünkü artık Daniel için yapılacak hiçbir şey yoktu.

Sonra sarayına döndü; geceyi yemek yemeden, eğlenmeden geçirdi; uykusu kaçtı. Şafak sökerken kalkıp acele aslan çukuruna gitti. Aç aslanların olduğu çukura atılmış olduğundan doğal olarak aslanlar tarafından yenmiş olduğu beklentisi içindeydi. Ama kral, Daniel'in hayatta kaldığı beklentisiyle alelacele aslan çukuruna gitmişti.

O zamanlar suçlu bulunan kişiler aslan çukuruna atılırdı. Ama Daniel nasıl oldu da aç aslanların arasında hayatta kalabilmişti? Kral, Daniel'in hizmet ettiği Tanrı'sının onu kurtarmış olabileceğini düşünerek çukura yaklaştı. Çukura yaklaşınca üzgün bir sesle, "Ey yaşayan Tanrı'nın kulu Daniel, kendisine sürekli kulluk ettiğin Tanrın seni aslanlardan kurtarabildi mi?" diye haykırdı.

Daniel'in kendisini hayretlere düşüren sesi aslan çukurundan yankılandı. Daniel, "Ey kral, sen çok yaşa!" diye yanıtladı. *"Tanrım meleğini gönderip aslanların ağzını kapadı. Beni incitmediler. Çünkü Tanrı'nın önünde suçsuz bulundum. Sana karşı da, ey kral, hiçbir yanlışlık yapmadım"* (Daniel 6:21-22).

Kral buna çok sevindi, Daniel'i çukurdan çıkarmalarını buyurdu. Aslan çukurundan çıkarıldığında, bedeninin hiçbir yerinde yara izi bulunmadı. Ne kadar şaşırtıcı! Bu, Tanrı'ya güvenen Daniel'in imanıyla meydana gelen büyük bir zaferdi. Daniel, yaşayan Tanrı'ya inandığından, aç aslanların arasında hayatta kaldı ve Yahudi olmayanlara bile Tanrı'nın görkemini ifşa etti.

Kralın buyruğu uyarınca, Daniel'i haksız yere suçlayan adamları, karılarıyla, çocuklarıyla birlikte getirip aslan çukuruna attılar. Daha çukurun dibine varmadan aslanlar onları kapıp kemiklerini kırdılar (Daniel 6:24). Kral Darius dünyada yaşayan bütün halklara, uluslara ve her dilden insanlara yazdı ve

Tanrı'dan korkmalarını istedi.

Kral Darius onlara şöyle seslendi: *"Krallığımda yaşayan herkesin Daniel'in Tanrısı'ndan korkup titremesini buyuruyorum. O yaşayan Tanrı'dır, Sonsuza dek var olacak. Krallığı yıkılmayacak, Egemenliği son bulmayacak; O kurtarır, O yaşatır, Gökte de yerde de Belirtiler, şaşılası işler yapar. Daniel'i aslanların pençesinden kurtaran O'dur"* (Daniel 6:26-27).

İmanın bu zaferi ne yüce! Tüm bunlar meydana gelmişti çünkü Daniel'in işlediği tek bir günah yoktu ve sadece tamamıyla Tanrı'ya güvenmişti. Eğer Tanrı'nın sözünde yürür ve O'nun sevgisinde yaşarsak, her nasıl bir durum ve koşul mevcut olursa olsun, Tanrı sizlere kaçacak bir yol gösterir ve zafer kazanmanızı sağlar.

3. Büyük İmanın Galibi Daniel

Daniel, Tanrı'yı böylesine yüceltebildiği ne tip bir imana sahipti? Daniel'in imanının ne tip olduğunu inceleyelim ki, bizlerde her türlü sınama ve yükün üstesinden gelip pek çok insana yaşayan Tanrı'nın görkemini ifşa edebilelim.

Her şeyden önce Daniel asla imanı hususunda dünyaya ödün vermedi.

Babil'in vekillerinden biri olarak ülkenin genel ilişkilerinden sorumluydu ve yasayı çiğnediği takdirde aslan çukuruna atılacağını biliyordu. Ama asla insani düşünce ve bilgeliği izlemedi. Kendisinin arkasından iş çeviren ve kötü niyetleriyle onu suçlayan insanlardan korkmadı. Daha önce de yaptığı gibi yere çömelerek Tanrı'ya dua etti. Eğer insani düşünceleri izleseydi, yazılı yasanın yürürlükte olduğu 30 günlük sürede Tanrı'ya ettiği dualara son verir veya gizli bir odada dua ederdi. Ancak Daniel bunlardan hiç birini yapmadı. Ne hayatından ödün verdi ne de dünyayla uzlaştı. Sadece Tanrı'ya olan sevgisiyle imanını tuttu.

Diğer bir deyişle, Daniel'de bir şehidin imanı vardı. Yasanın imzalandığını bilmesine rağmen, evine girdi ve pencereleri Yeruşalim'e açılan yukarı odasına çıktı. Daha önce de yaptığı gibi her gün üç kez diz çöküp dua etmeye, Tanrısı'na övgüler sunmaya devam etti.

İkinci olarak, Daniel'in duadan vazgeçmeyeceği bir imanı vardı.

Ölümü için hazırlanmasının gerektiği duruma düştüğünde, her zaman ki gibi Tanrı'ya dua etti. Dua etmekten vazgeçme günahını işlemeyi istemedi (1. Samuel 12:23).

Dualar ruhlarımızın nefesidir. Dolayısıyla dua etmekten vazgeçmemeliyiz. Sınama ve dertler üzerimize geldiğinde, dua etmeli ve huzur içinde olduğumuzda ayartılmamak için dua etmeliyiz (Luka 22:40). Duadan vazgeçmediği için, Daniel imanını koruyup sınamaların üstesinden gelebildi.

Üçüncü olarak, Daniel'in her koşul altında şükranlarını sunabildiği bir imanı vardı.

Kutsal Kitap'ta yazılı olan imanın pek çok atası her şeyde imanla şükranlarını sundular çünkü her koşulda şükran sunabilmenin gerçek bir iman olduğunu biliyorlardı. Tanrı'nın yasasını izlediği için aslan çukuruna atılması imanın zaferi oldu. Aslanlar tarafından yenilmiş olsaydı bile Tanrı'nın kollarına gidecek ve Tanrı'nın ebedi egemenliğinde yaşayacaktı. Sonucu her nasıl olacaksa olsun, Daniel için korkulacak bir şey yoktu. Eğer bir kişi tamamen göklere inanırsa ölümden korkamaz.

Ülke yönetiminde kralın sağ kolu olarak huzur içinde yaşamış olsaydı bile bu, geçici bir onur olmazdı. Ama imanını koruyup Tanrı tarafından tasdik edildiğinde, göksel egemenlikte büyük bir kişi olarak karşılanacak ve sonsuza dek parlayan görkem içinde yaşayacaktı. Bu sebeple yaptığı tek şey şükranlarını sunmaktı.

Dördüncü olarak, Daniel asla günah işlemedi. Tanrı'nın sözünü izlediği ve uyguladığı bir imana sahipti.

Ülke yönetimi hususunda Daniel'in suçlanabileceği hiçbir şey yoktu. Yolsuzluğun, ihmalin ve sahtekârlığın izlerine Daniel'de rastlayamadılar. Hayatı ne kadar da saftı!

Daniel, kendisinin aslan çukuruna atılmasını buyuran krala

karşı hiçbir kötü his beslememiş ve esef etmemişti. Aksine, "Ey kral, sen çok yaşa!" diyecek kadar krala sadıktı. Eğer bu sınama, günah işlemiş olduğu için kendisine verilmiş olsaydı, Tanrı onu koruyamazdı. Ama Daniel günah işlemediği için, Tanrı kendisini korudu.

Beşinci olarak, Daniel'in sadece Tanrı'ya güvendiği bir imanı vardı.

Eğer Tanrı'dan saygıyla karışık korku duyuyor, tamamen O'na güveniyor ve her işimizi O'nun ellerine bırakıyorsak, bizim için her türlü sorunu çözecektir. Daniel bütünüyle Tanrı'ya güvenmiş ve sırtını O'na yaslamıştı. Dolayısıyla dünyaya ödün vermemiş ama Tanrı'nın yasasını seçmiş ve Tanrı'nın yardımını istemişti. Tanrı, Daniel'in imanını görmüş ve Daniel için her şeyin yolunda gitmesini sağlamıştı. Tanrı oldukça yüceltilsin diye kutsamalar üzerine kutsamalar eklenmişti.

Eğer bizimde Daniel'in ki gibi bir imanımız olursa ne çeşit sınama ve güçlükle karşılaşırsak karşılaşalım onların üstesinden gelir, onları kutsama alma şansına dönüştürebilir ve yaşayan Tanrı'ya tanık oluruz. Düşman İblis yutacak birini arayarak dolaşır. Dolayısıyla güçlü bir imanla iblise karşı koymalı ve Tanrı'nın sözünü tutarak ve uyarak Tanrı'nın koruması altında yaşamalıyız.

Üzerimize kısa bir süre için gelen sınamalar yoluyla Tanrı bizi yetkinleştirip pekiştirecek, güçlendirip temellendirecektir (1.

Petrus 5:10). Daniel'in imanına sahip olmanız, her zaman Tanrı yolunda yürümeniz ve O'nu yüceltmeniz için Rab'bimiz İsa Mesih'in adıyla dua ediyorum.

7. Bölüm

Rab Önceden Sağlar

Ama RAB'bin meleği göklerden,
"İbrahim, İbrahim!" diye seslendi.
İbrahim, "İşte buradayım!" diye karşılık verdi.
Melek, "Çocuğa dokunma" dedi, "Ona hiçbir şey yapma.
Şimdi Tanrı'dan korktuğunu anladım,
biricik oğlunu benden esirgemedin."
İbrahim çevresine bakınca,
boynuzları sık çalılara takılmış bir koç gördü. Gidip koçu getirdi.
Oğlunun yerine onu yakmalık sunu olarak sundu.
Oraya RAB sağlar adını verdi.
"RAB'bin dağında sağlanacaktır"
sözü bu yüzden bugün de söyleniyor.

Yaratılış 22:11-14

Yehovah-Yireh! Sadece bunu duymak ne kadar heyecan ve memnuniyet verici! Tanrı'nın her şeyi önceden hazırladığı anlamına gelir. Günümüzde Tanrı'ya inanan pek çok kişi, Tanrı'nın bizim için önceden çalıştığını, hazırladığını ve bizlere öncülük ettiğini duymuş ve bilmektedir. Ancak pek çok kişi inançlı yaşamlarında Tanrı'nın bu sözünü deneyim etmekte başarısız olur.

"Yehovah-Yireh" sözü, kutsama, doğruluk ve umuda aittir. Herkes bu şeyleri arzular ve hasretini çeker. Eğer bu sözün simgelediği yolu kavrayamazsak kutsamaların yoluna giremeyiz. Bu sebeple sizlerle "Yehovah-Yireh" kutsamasını alan İbrahim'in imanını bir örnek olarak paylaşmak istiyorum.

1. İbrahim, Tanrı'nın Sözünü Her şeyin Üzerinde Tuttu

İsa, Markos 12:30 ayetinde şöyle der: *"Tanrın Rab'bi bütün yüreğinle, bütün canınla, bütün aklınla ve bütün gücünle seveceksin."* Yaratılış 22:11-14 ayetlerinde anlatıldığı gibi, İbrahim Tanrı'yı o kadar çok seviyordu ki, O'nunla yüz yüze iletişim içinde olabiliyordu. Tanrı'nın isteğini kavramıştı ve Yehovah-Yireh kutsamasını almıştı. İbrahim için tüm bu kutsamaları almanın tesadüfî olmadığını kavramalısınız.

İbrahim Tanrı'yı her şeyin üzerine koydu ve Sözünü her şeyden daha değerli saydı. Dolayısıyla kendi düşüncelerini izlemedi ve her zaman Tanrı'ya itaat etmeye hazırdı. Tanrı'ya sadık olduğundan ve kendisinde hiçbir yanlış bulunmadığından, yüreğinin derinliklerinde kutsamaları almaya hazırdı.

Tanrı, Yaratılış 12:1-3 ayetlerinde İbrahim'e şöyle dedi: *"Ülkeni, akrabalarını, baba evini bırak, sana göstereceğim ülkeye git; Seni büyük bir ulus yapacağım, Seni kutsayacak, sana ün kazandıracağım, Bereket kaynağı olacaksın. Seni kutsayanları kutsayacak, Seni lanetleyeni lanetleyeceğim. Yeryüzündeki bütün halklar Senin aracılığınla kutsanacak."*

Böylesi bir durumda eğer İbrahim insani düşünce içinde olsaydı, Tanrı'nın ülkesini, akrabalarını ve babasının evini terk etmesini buyurması karşısında rahatsızlık duyardı. Ama öncelikli Tanrı'nın Baba ve Yaratıcı olduğunu düşündü. Böyle yaptığından Tanrı'ya itaat edebiliyor ve O'nun isteğini izleyebiliyordu. Aynı şekilde Tanrı'yı gerçekten seven her kişi Tanrı'ya sevinç içinde itaat edebilir. Çünkü böyle bir kişi Tanrı'nın tüm işlerinin yolunda gitmesi için çalıştığına inanır.

Kutsal Kitap'ın pek çok bölümü bizlere Tanrı'nın sözünü her şeyin başında sayan ve O'nun sözüne göre yürüyen imanın atalarından bahseder. 1. Krallar 19:20-21 ayetleri şöyle der: *"Elişa öküzleri bırakıp İlyas'ın ardından koştu ve, 'İzin ver, annemle babamı öpeyim, sonra seninle geleyim' dedi. İlyas, 'Geri dön, ben sana ne yaptım ki?' diye karşılık verdi. Böylece Elişa gidip sürdüğü çiftin öküzlerini kesti. Boyunduruklarıyla ateş yakıp etleri pişirdikten sonra, yesinler diye halka dağıttı. Sonra, İlyas'ın ardından gidip ona hizmet etti."* Tanrı, İlyas'ın aracılığıyla Elişa'yı çağırdığında hemen elindeki işleri bıraktı ve Tanrı'nın isteği peşinden gitti.

İsa'nın öğrencileri içinde durum aynıydı. İsa onları çağırdığında hemen anında O'nu izlediler. Matta 4:18-22 ayetleri bizlere bunu anlatır: *"İsa, Celile Gölü'nün kıyısında yürürken Petrus diye de anılan Simun'la kardeşi Andreas'ı gördü. Balıkçı olan bu iki kardeş göle ağ atıyorlardı. Onlara, 'Ardımdan gelin' dedi, 'Sizleri insan tutan balıkçılar yapacağım.' Onlar da hemen ağlarını bırakıp O'nun ardından gittiler. İsa daha ileri gidince başka iki kardeşi, Zebedi'nin oğulları Yakup'la Yuhanna'yı gördü. Babaları Zebedi'yle birlikte teknede ağlarını onarıyorlardı. Onları da çağırdı. Hemen tekneyi ve babalarını bırakıp İsa'nın ardından gittiler."*

Bu sebeple Tanrı'nın isteği her ne olursa olsun, itaat edebileceğiniz imana sahip olmanızı ve Gücüyle her şeyin sizler için yolunda gitmesini sağlasın diye Tanrı'nın sözünü her şeyin üzerinde tutmanızı şevkle bekliyorum.

2. İbrahim Her Zaman "Âmin!" diyerek Sözlerini Bitirdi

Tanrı'nın sözüne uygun olarak İbrahim ülkesi Haran'ı terk etti ve Kenan diyarına yola çıktı. Ülkedeki şiddetli kıtlık yüzünden Mısır'a gitti (Yaratılış 12:10). Oraya vardığında öldürülmemek için karısını "kız kardeşi" olarak çağırdı. Bununla ilgili olarak bazıları, korkaklığı sebebiyle eşini kız kardeşi olarak çağırarak çevresindekileri aldattığını söyler. Ama aslında onlara yalan söylememiş, sadece insani düşünceyle davranmıştır. Ülkesini terk etmesi kendisine buyrulduğunda hiç korkmadan buna itaat etmiş olmasıyla bunu kanıtlanmıştır. Dolayısıyla korkak olduğu için insanlara Sara'nın kız kardeşi olduğunu söyleyerek aldatmış olduğu doğru değildir. Bunu yaptı çünkü karısı kuzenlerinden biriydi. Ama ayrıca "karım" yerine "kız kardeşim" diye çağırmanın daha iyi olacağını da düşündü.

Mısır'da kaldığı süre boyunca İbrahim, Tanrı tarafından arıtıldı. Böylece insani düşünce ve bilgiliği izlemek yerine mükemmel bir imanla tamamen Tanrı'ya dayandı. İtaat etmeye her zaman hazırdı ama içinde sökülüp atılması gereken benliğin düşünceleri kalmıştı. Bu sınamayla Tanrı, Mısır Firavun'unun ona iyi davranmasını sağladı. Tanrı, davar, sığır, erkek ve dişi eşek, erkek ve kadın köle, deve gibi İbrahim'e pek çok kutsama verdi.

Bu bizlere, itaat etmediğimiz için sınamaların üzerimize geldiğini ve zorluklarla yüzleşeceğimizi anlatır. Eğer içimizden söküp atamadığımız benliğin düşünceleri sebebiyle sınamalarla yüzleşir ve itaat edersek, Tanrı her şeyin yolunda gitmesini sağlar.

Bu sınama İbrahim'in sadece "Âmin" demesini ve her şeye itaat etmesini mümkün kılmıştır. Ve sonrasında Tanrı, tek oğlu İshak'ı yakmalık sunu olarak Kendisine sunmasını buyurmuştur. Yaratılış 22:1 ayeti şöyle der: *"Daha sonra Tanrı İbrahim'i*

denedi. 'İbrahim!' diye seslendi. İbrahim, 'Buradayım!' dedi."
İshak doğduğunda İbrahim 100 ve Sara is 90 yaşındaydı. Onlar için çocuk sahibi olmak tamamen imkânsızken, Tanrı'nın lütfü ve vaadiyle her şeyden daha değerli tuttukları oğulları dünyaya gelmişti. İlaveten, İshak Tanrı'nın soy vaadiydi. Bu sebeple, Tanrı'nın tıpkı bir hayvan misali oğlunu yakmalık sunu olarak kurban vermesini buyurması karşısında hayretlere düşmüştü. Her türlü insani tasavvurun çok ötesindeydi.

İbrahim, Tanrı'nın oğlunu ölümden dirilteceğine inandığından Tanrı'nın buyruğuna itaat edebildi (İbraniler 11:17-19). Diğer bir açıdan bakarsak, sahip olduğu tüm benliğin düşünceleri yok olmuş olduğundan yakmalık bir sunu olarak tek oğlu İshak'ı kurban vereceği imana sahip olabilmişti.

Tanrı, İbrahim'in bu imanını gördü ve yakmalık bir sunu olarak koç hazırladı. Böylece İbrahim, oğluna dokunmadı. İbrahim çevresine bakınca, boynuzları sık çalılara takılmış bir koç gördü. Gidip koçu getirdi. Oğlunun yerine onu yakmalık sunu olarak sundu. Oraya "RAB sağlar adını verdi.

Yaratılış 22:12 ayetinde Tanrı, *"Şimdi Tanrı'dan korktuğunu anladım, biricik oğlunu benden esirgemedin,"* diyerek İbrahim'i övdü ve 17-18 ayetlerinde onu olağanüstü kutsadı: *"seni fazlasıyla kutsayacağım; soyunu göklerin yıldızları, kıyıların kumu kadar çoğaltacağım. Soyun düşmanlarının kentlerini mülk edinecek. Soyunun aracılığıyla yeryüzündeki bütün uluslar kutsanacak. Çünkü sözümü dinledin."*

İmanınız İbrahim'in imanına erişmemiş olsa dahi, bazen "RAB sağlar" kutsamasını deneyim edebilirsiniz. Bir şeyi yapmak üzere olduğunuzda Tanrı'nın o şeyi çoktan sizin için hazırladığını keşfedersiniz. Yüreğiniz o an Tanrı'nın peşinde olduğundan bu mümkün olur. İbrahim'in sahip olduğu imanın aynısına sahip olabilir ve Tanrı'ya tamamen itaat edebilirseniz, her yerde ve her zaman "Rab sağlar" kutsaması içersinde yaşarsınız. Mesih'te ne de olağanüstü bir yaşam!

Yehovah-Yireh, "RAB sağlar" kutsamasını alabilmeniz için Tanrı'nın her türlü buyruğuna "Âmin" demeli ve kendi düşüncelerinizde hiç ısrar etmeden sadece Tanrı'nın isteğine göre yürümelisiniz. Tanrı'nın tasdikini kazanmalısınız. Bu sebeple Tanrı, sözü dinlemenin kurbandan daha iyi olduğunu söyler (1. Samuel 15:22).

İsa, Tanrı özüne sahip olduğu halde, Tanrı'ya eşitliği sımsıkı sarılacak bir hak saymadı. Ama kul özünü alıp insan benzeyişinde doğarak ululuğunu bir yana bıraktı. İnsan biçimine bürünmüş olarak ölüme boyun eğip kendini alçalttı (Filipililer 2:6-8). Ve O'nun tam itaatiyle ilgili 2. Korintliler 1:19-20 ayetleri şöyle der: *"Silvanus ve Timoteos'la birlikte size tanıttığımız Tanrı'nın Oğlu İsa Mesih hem 'evet' hem 'hayır' değildi. O'nda yalnız 'evet' vardır. Çünkü Tanrı'nın bütün vaatleri Mesih'te 'evet' tir. Bu nedenle Tanrı'nın yüceliği için Mesih aracılığıyla Tanrı'ya 'Âmin' deriz."*

Tanrı'nın tek ve yegâne Oğlu "Evet" dediğine göre, Tanrı'nın her sözüne bizlerin "Âmin" dememiz ve "RAB sağlar" kutsamasını alarak O'nu yüceltmemiz hiç şüphe götürmez.

3. İbrahim'in her şey de Barış ve Kutsallığı İzlemesi

Tanrı'nın sözünü her şeyin üzerinde tuttuğundan ve her şeyden çok sevdiğinden Tanrı'nın sözü karşısında İbrahim sadece "Âmin" dedi ve tamamen ona itaat etti. Böylece Tanrı'yı hoşnut edebildi.

İlaveten, bütünüyle kutsallaştı ve çevresinde ki herkes ile her zaman barış içinde olmaya çabaladı. Dolayısıyla Tanrı tarafından tasdik edilebildi.

Yaratılış 13:8-9 ayetlerinde yeğeni Lut'a şöyle dedi: *"Biz akrabayız. Bu yüzden aramızda da çobanlarımız arasında da kavga çıkmasın. Bütün topraklar senin önünde. Gel, ayrılalım. Sen sola gidersen, ben sağa gideceğim. Sen sağa gidersen, ben sola gideceğim."*

Lut'un büyüğüydü ama barış sağlansın diye toprak seçimini Lut'a bıraktı ve kendinden feragat etti. İbrahim, kendi çıkarları peşinde gitmek yerine başkalarının çıkarlarını ruhani sevgisiyle gözetiyordu. Aynı şekilde sizde gerçek içinde yaşıyorsanız, başkalarıyla barış içinde olmak için tartışmaz ya da böbürlenmezsiniz.

Yaratılış 14:12; 16 ayetlerinde İbrahim, yeğeni Lut'un tutsak alındığını duyunca, evinde doğup yetişmiş üç yüz on sekiz adamını yanına alarak yola koyuldu. Yağmalanan bütün malı, yeğeni Lut'la mallarını, kadınları ve halkı geri getirdi. Ve tamamen doğru bir insan olduğundan ve doğru yolda yürüdüğünden, her şeyin ondalığını ve diğer kalanları şu sözleri söyleyerek Şalem Kralı Melkisedek'e verdi: *"sana ait hiçbir şey, bir iplik, bir çarık bağı bile almayacağıma ant içerim. Öyle ki, 'Avram'ı zengin ettim' demeyesin"* (a. 23). İbrahim sadece her işinde barışın yolunu izlemedi ama ayrıca kusursuz ve doğru olarak yürüdü.

İbraniler 12:14 ayetleri şöyle der: *"Herkesle barış içinde yaşamaya, kutsal olmaya gayret edin. Kutsallığa sahip olmadan kimse Rab'bi göremeyecek."* Tüm insanlarla barış yolunu izlediği ve kutsallaşmayı başardığı için İbrahim'in Yehovah-Yireh, "RAB sağlar" kutsamasını aldığını içtenlikle kavramanızı diliyorum. Ayrıca onun gibi biri olmanızı da diliyorum.

4. Her şeyi Mümkün Kılan Tanrı'nın Gücüne İnanmak

"RAB sağlar" kutsamasını alabilmek için Tanrı'nın gücüne inanmamız gerekir. İbraniler 11:17-19 ayetleri bize şunu öğretir: *"İbrahim sınandığı zaman imanla İshak'ı kurban olarak sundu. Vaatleri almış olan İbrahim biricik oğlunu kurban etmek üzereydi. Oysa Tanrı ona, 'Senin soyun İshak'la sürecek' demişti. İbrahim Tanrı'nın ölüleri bile diriltebileceğini düşündü; nitekim İshak'ı simgesel şekilde ölümden geri aldı."* İbrahim, Yaratan Tanrı'nın gücünün her şeyi mümkün kılacağına inanıyordu. Dolayısıyla benliğin ve insani düşüncelerin hiç birini izlemeyerek itaat edebildi.

Tanrı sizden tek oğlunuzu yakmalık bir sunu olarak vermenizi isteseydi ne yapardınız? Hiçbir şeyin imkânsız olmadığı Tanrı'nın gücüne inansaydınız, sizin için ne kadar kabul edilmezde olsa buyruğa itaat edebilirdiniz. Böylece "RAB sağlar" kutsamasını alırdınız.

Tanrı'nın gücü sınırsız olduğundan, İbrahim gibi benliğin düşüncelerinin etkisi altında kalmadan bütünüyle itaat edersek Tanrı önceden hazırlar, gerçekleştirir ve bizlere kutsamalarla geri öder. Eğer Tanrı'dan çok daha fazla sevdiğimiz bir şey olursa ve sadece kendi düşünce ve teorilerimize uygun şeyler için "Amin" dersek, "RAB sağlar" kutsamasını asla alamayız.

2. Korintliler 10:5 ayetlerinde, *"Safsataları, Tanrı bilgisine karşı diklenen her engeli yıkıyor, her düşünceyi tutsak edip Mesih'e bağımlı kılıyoruz"* söylenildiği gibi, "RAB sağlar" kutsamasını alabilmek ve deneyim edebilmek için her türlü insani düşünceyi söküp atmalı ve "Âmin" diyebileceğimiz ruhani imana sahip olmalıyız. Eğer Musa'nın ruhani imanı olmasaydı Kızıl Deniz'i nasıl ortadan ikiye ayırırdı? Ruhani iman olmadan

Yeşu, Eriha Kentini nasıl yok edebilirdi? Eğer sadece kendi bilginiz ve düşüncelerinizle mutabık içinde olan şeylere inanırsanız, buna ruhani itaat denemez. Tanrı, yoktan var eder. Dolayısıyla, bir şeyi bir şeyden yaratan insanla Tanrı'nın gücü nasıl aynı olabilir?

Matta 5:39-44 ayetleri şöyle der: *"Ama ben size diyorum ki, kötüye karşı direnmeyin. Sağ yanağınıza bir tokat atana öbür yanağınızı da çevirin. Size karşı davacı olup mintanınızı almak isteyene abanızı da verin. Sizi bin adım yol yürümeye zorlayanla iki bin adım yürüyün. Sizden bir şey dileyene verin, sizden ödünç isteyeni geri çevirmeyin. 'Komşunu seveceksin, düşmanından nefret edeceksin' dendiğini duydunuz. Ama ben size diyorum ki, düşmanlarınızı sevin, size zulmedenler için dua edin."*

Tanrı'nın gerçeğinin sözü bizim kendi düşünce ve bilgimizden ne kadar farklıdır? Bu sebeple eğer sadece düşüncelerinizle mutabık içinde olan şeylere "Âmin" derseniz, Tanrı'nın egemenliğini başarıyla gerçekleştiremeyeceğinizi ve Yehohav-Yireh, "RAB sağlar" kutsamasını alamayacağınızı aklınızda tutmaya sizleri davet ediyorum.

Her-şeye-gücü-yeten Tanrı'ya olan imanınızı açıkça dile getirmenize rağmen sorunlarla yüzleştiğinizde sıkıntı, kaygı ve endişe hissediyor musunuz? Gerçek bir imanınız var ise, Tanrı'nın gücüne inanmalı ve sevinçle şükran içinde her sorununuzu O'nun ellerine teslim etmelisiniz.

Her birinizin "RAB sağlar" kutsamasını alıp tadına varması için Tanrı'yı her şeyin üzerinde tutması, Tanrı'nın sözü karşısında sadece "Âmin" diyerek itaat göstermesi, kutsallık içinde tüm insanlarla barışı tesis etmesi ve ölüyü diriltebilen Tanrı'nın gücüne inanması için Rab'bimiz İsa Mesih'in adıyla dua ediyorum.

Yazar:
Dr. Jaerock Lee

Dr. Jaerock Lee, 1943 yılında Kore Cumhuriyeti'nin Jeonnam eyaletine bağlı Muan'da doğdu. Yirmili yaşlarında yedi yıl süren ve tedavisi mümkün olmayan birçok hastalıktan çekti ve iyileşme umudu olmadan ölümü bekledi. Fakat 1947 yılının bir bahar gününde, kız kardeşi tarafından bir kiliseye götürüldü ve orada dizlerinin üzerine dua etmek için çöktüğü anda, Yaşayan Tanrı, O'nu tüm hastalıklarından bir anda iyileştirdi.

Dr. Lee, bu olağanüstü tecrübenin akabinde karşılaştığı Yaşayan Tanrı'yı o andan itibaren tüm kalbi ve samimiyetiyle sevdi ve 1978 yılında Tanrı'ya hizmet için göreve çağrıldı. Tanrı'nın isteğini tüm berraklığıyla anlayabilmek, bütünüyle yerine getirmek için kendini adayarak dua etti ve Tanrı'nın Sözüne itaat etti. 1982 senesinde Seul, Kore'de Manmin kilisesini kurdu ve bu kilisede mucizevî şifa, belirti ve harikalar gibi Tanrı'nın sayısız işleri meydana gelmektedir.

Dr. Lee, 1986 yılında Kore İsa'nın Sungkyul kilisesinin senelik toplantısında papazlığa atandı ve 1990 yılında vaazları Avustralya, Rusya ve Filipinlerde yayınlanmaya başladı; Uzakdoğu Radyo Yayın Şirketi, Asya Radyo İstasyonu ve Washington Hıristiyan Radyo Sistem yayıncılık şirketleri vesilesiyle kısa zamanda pek çok ülkeye daha ulaşıldı.

1993 yılında Manmin Kilisesi Hıristiyan Dünya dergisi (ABD) tarafından "Dünyanın önde gelen 50 Kilisesi" nden biri seçildi ve Dr. Lee, Florida, ABD'de bulunan Christian Faith Üniversitesi İlahiyat Fakültesinden fahri doktora derecesini aldı. 1996 yılında ise Iowa, ABD Kingsway Theological Seminary'de papazlık üzerine doktorasını yaptı.

1993 yılından beri Dr. Lee, Tanzanya, Arjantin, Los Angeles, Baltimore City, Hawaii ve ABD New York, Uganda, Japonya, Pakistan, Kenya, Filipinler, Honduras, Hindistan, Rusya, Almanya, Peru, Kongo Demokratik Cumhuriyeti, İsrail ve Estonya olmak üzere pek çok yurtdışı misyonerlik faaliyetiyle dünyaya İncil'in müjdesini duyurmaktadır.

2002 yılında, çeşitli yurtdışı misyon faaliyetlerindeki güçlü vaizliği için, Kore'nin önde gelen Hıristiyan gazeteleri tarafından "Dünya Çapında Dirilişci" kabul edilmiştir. Özellikle öne çıkan, dünyanın en ünlü arenası olan Madison Square Garden'da 2006 yılında gerçekleştirilen New York

Seferi'dir; etkinlik 220 ülkede yayınlanmıştır. 2009 yılında Kudüs Uluslararası Kongre Merkezi'nde gerçekleştirilen "Birleşmiş İsrail Seferi'nde", cesurca İsa'nın Mesih ve Kurtarıcı olduğunu ilan etmiştir.

GCN TV dâhil olmak üzere, uydular aracılığıyla vaazları 176 ülkede yayınlanmaktadır. Popüler Rus Hrıstiyan dergisi *In Victory* tarafından 2009 ve 2010 yıllarının en önde gelen 10 etkin Hrıstiyan önderlerinden biri, *Christian Telegraph* haber ajansı tarafından ise güçlü TV yayıncılığıyla vaaz ve yurtdışı kilise faaliyetleri için etkin bir önder seçilmiştir.

Mayıs 2017 tarihi itibarıyla Manmin Merkez Kilisesi'nin 120,000'den fazla cemaat üyesi bulunmaktadır. 56 yerel kilisesi dâhil olmak üzere dünya çapında 10,000 şube kilisesi bulunmaktadır ve Amerika Birleşik Devletleri, Rusya, Almanya, Kanada, Japonya, Çin, Fransa, Hindistan, Kenya ve daha fazlası olmak üzere 23 ülkeye 102'dan fazla rahip atamıştır.

En çok satanlar listesinde *Ölümden Önce Sonsuz Yaşamı Tatma, Hayatım ve İmanım I&II, Çarmıhın Mesajı, İmanın Ölçüsü, Göksel Egemenlik I&II, Cehennem, Uyan İsrail, Tanrı'nın Gücü* olmak üzere, bu kitabın yayınlanış tarihi itibarıyla 104 kitap yazmış ve kitapları 76'den fazla dile çeviriImiştir.

Dini makaleleri *The Hankook Ilbo, The JoongAng Daily, The Chosun Ilbo, The Dong-A Ilbo, The Munhwa Ilbo, The Seoul Shinmun, The Hankyoreh Shinmun, The Kyunghyang Shinmun, The Korea Economic Daily, The Korea Herald, The Shisa News,* ve *The Christian Press* dergi ve gazetelerinde yayınlanmaktadır.

Dr. Lee şu anda birçok misyonerlik kuruluşunun ve derneğinin kurucusu ve başkanıdır. Bunlardan bazıları şunlardır: İsa Mesih'in Birleşmiş Kutsallık Kilisesi (The United Holiness Church of Jesus Christ) Dünya Hrıstiyanlığı Diriliş Misyonu Derneği (The World Christianity Revival Mission Association) Daimi Başkanı; Global Hrıstiyan Network (GCB-Global Christian Network)) Kurucusu ve Yönetim Kurulu Başkanı; Dünya Hrıstiyan Doktorları (WCDN- The World Christan Doctors Network) Kurucusu ve Yönetim Kurulu Başkanı; Manmin Uluslararası İlahiyat Okulu (MIS-Manmin International Seminary) Kurucusu ve Yönetim Kurulu Başkanı.

Aynı Yazar Tarafından Yazılmış Diğer Etkili Kitaplar

Göksel Egemenlik I & II

Göksel ahalinin keyfine vardığı muhteşem güzellikte ki yaşama ortamının detaylı bir taslağı ve göksel egemenliğin farklı katlarının güzel bir açıklaması.

Çarmıhın Mesajı

Ruhani uykuda olan tüm insanların uyanmasını sağlayan güçlü bir mesaj! Bu kitapta İsa'nın niçin tek Kurtarıcı olduğunu ve Tanrı'nın gerçek sevgisini keşfedeceksiniz.

Cehennem

Tek bir canın bile cehennemin derinliklerine düşmesini arzu etmeyen Tanrı'dan tüm insanlığa içten bir mesaj! Aşağı ölüler diyarı ve cehennemin daha önce hiç açıklanmamış acımasız gerçeğini keşfedeceksiniz.

Ruh, Can ve Beden I & II

Ruh, can ve beden hakkında ruhani kavrayışa sahip olmamızı ve nasıl bir özden yaratıldığımızı keşfetmemizi sağlayan bu rehber kitap sayesinde karanlığı yenilgiye uğratmak ve ruhun insanına dönüşmek için güce sahip olabiliriz.

İmanın Ölçüsü

Sizin için gökler nasıl bir yer, ne tip bir taç ve ödül hazırlandı? Bu kitap sizlere imanınızı ölçebilmeniz ve en iyi ve en olgun imana sahip olabilmeniz için bilgi ve rehberlik sağlar.

Uyan İsrail

Niçin dünyanın başından günümüze kadar Tanrı gözlerini srail'den ayırmamıştır? Tanrı bu son günlerde İsrail için nasıl bir takdiri ilahi hazırlamıştır? Bu kitap, Mesih ile İsrail arasında ki ilişkiye ve Tanrı'nın İsrail için planladıklarına ışık tutar.

Hayatım ve İmanım I & II

Karanlık dalgalar, evlilik sorunları ve derin çaresizliklerle geçen yaşamı, Tanrı'nın sevgisiyle tekrar doğan ve okuyucularına hoş kokulu ruhani aroma yayan Dr. Jaerock Lee'nin otobiyografisi.

Tanrı'nın Gücü

Bir kişinin gerçek imana sahip olması ve Tanrı'nın olağanüstü gücünü deneyim etmesinde temel kılavuz görevi gören ve mutlaka okunması gereken bir kitap.

---

www.urimbooks.com

www.ingramcontent.com/pod-product-compliance
Lightning Source LLC
LaVergne TN
LVHW092054060526
838201LV00047B/1381